AF534650

Une étonnante rencontre

Abdellah Harris

Une étonnante rencontre

ISBN : 979-10-377-9128-3

À tous les êtres chers qui nous ont quittés,
que la bravoure de leurs existences reste à jamais
gravée dans nos cœurs.
Leurs âmes reposent en paix au royaume des braves
où rayonne la bienfaisance éternelle des gens.

Préambule

Les statistiques sont peut-être formelles, c'est dans les trains et les halls de gare puis sur internet que nous faisons souvent les rencontres – d'amour ou d'amitié – les plus intéressantes de notre vie. Journaliste espagnol de passage à Paris, c'est dans le métro que j'ai fait, pour ma part en cet hiver de l'année 2003, une rencontre aussi étrange que merveilleuse, une rencontre qui allait modifier le cours de ma vie. Un jeune homme d'à peine vingt ans et dans lequel j'ai décelé instantanément une intelligence bien supérieure à celle que l'on aurait pu attendre de quelqu'un de son âge. Il se dégageait de lui mystère et richesse spirituelle, comme si des secrets enfouis au plus profond de lui avaient façonné cette personnalité hors du commun.

Notre vie est pleine de perles heureuses. Chacun des moments passés en sa compagnie en fut une bulle d'éternité dont le souvenir m'obsède. C'était quelqu'un d'étrange, doté d'une profonde sensibilité humaine en même temps que d'une spiritualité rayonnante. Il s'appelait Harris et était originaire de Grèce.

Introduction

Arrivé depuis quelques heures à peine dans la capitale parisienne, je m'apprêtais à rejoindre quelques amis journalistes dans un grand restaurant pour y fêter dignement le Nouvel An. Dans le métro, les gens affichaient pour la plupart un visage réjoui à l'idée des festivités qui les attendaient. Pour ma part, je me sentais très en forme, très en appétit, impatient de savourer le bon repas qui m'attendait et essayant de planifier l'organisation des journées suivantes, tâche difficile, tant les possibilités de découvertes en tout genre, offertes par cette ville qu'est Paris, sont nombreuses.

Nous venions d'arriver à la station « Les Halles », lorsqu'un individu fit irruption dans le wagon. Il devait avoir une quarantaine d'années. Il semblait très excité. Ses violentes invectives et les insultes dont il abreuvait les passagers avaient créé un climat de tension qui se transforma rapidement en frayeur quand l'individu commença à donner des coups de pied dans les sacs qui se trouvaient à sa portée.

J'aurais voulu intervenir, tenter de le raisonner mais vu sa corpulence, je ne me sentais pas capable de l'affronter physiquement. Manque de courage ou simple prudence ? Je ne bougeais pas. Les autres passagers semblaient tétanisés. Assises à côté de moi, une femme et sa petite fille, serrées l'une contre l'autre, observaient avec angoisse ce déchaînement de violence physique et verbale. Un coup de pied dans le petit sac à dos d'une fillette fut de trop pour l'un des jeunes hommes présents dans la rame. Il se leva, s'avança calmement vers l'homme violent, lui demanda de cesser d'importuner les voyageurs et d'aller s'asseoir. Il s'exprimait à la fois de façon ferme et chaleureuse. Surpris par cette intervention et par la détermination de son interlocuteur, par le regard hypnotique qui le fixait, l'homme grogna quelques insanités mais alla s'asseoir au fond du wagon. La tension tomba d'un coup, les conversations reprirent entre les passagers, le calme était retrouvé.

Il faut que je revienne sur ce jeune homme, car je n'ai plus jamais rencontré, depuis lors, quelqu'un qui possède cette lumière d'étoiles dans le regard. Je m'apprêtais à aller m'asseoir à côté de lui pour engager la conversation, lorsque l'individu qui s'était tenu calme invectiva le jeune homme qui s'était opposé à lui. Selon lui, l'armée avait fait de lui un homme fort et la Légion étrangère le protégerait en cas de déboires avec la Justice. Manifestement, il souhaitait nous faire peur, je ne suis pas sûr qu'il ait été véritablement dangereux ni qu'il ait eu le projet d'agresser physiquement l'un ou l'autre des passagers. Je suis persuadé qu'il avait des problèmes psychiatriques, certes, mais aussi qu'il était très seul et très malheureux. Pourquoi hurlait-il sa haine et son mépris pour la jeunesse ? Quelle blessure avait marqué son esprit pour en faire un tel condensé de violence ?

Le jeune homme ne semblait ni effrayé ni angoissé par les insultes qui déferlaient sur lui.

Son visage pâle ne trahissait aucune inquiétude. Au contraire, il rayonnait de paix comme illuminé par une lumière intérieure, par la lumière divine de la vie. Cette sérénité, autant que la maîtrise de soi qui animait ce jeune homme, impressionnait les occupants du wagon. Il lui aurait été facile de se soustraire à cette situation désagréable qui pouvait à tout instant tourner au drame, en descendant du métro et en alertant les responsables de la sécurité. Pourquoi ne le faisait-il pas ? La peur lui semblait inconnue et son esprit semblait voguer dans des sphères lointaines et inconnues comme s'il reposait sur de tendres nuages.

Face à une telle sérénité, l'homme se leva de son siège, se dirigea vers le jeune homme, le poing levé, avec l'intention manifeste de le frapper. Le coup de pied du jeune homme dans l'estomac fut si vif, impossible à anticiper. Son agresseur fut projeté quelques mètres plus loin. À terre, l'homme semblait avoir perdu brusquement son agressivité et sa superbe ; son regard était triste comme s'il implorait de l'aide sans pouvoir l'exprimer ouvertement. Sa détresse n'avait été perceptible qu'au mystérieux jeune homme, capable de lire dans les yeux les émotions les plus enfouies.

Aussi surprenant que cela puisse paraître, le jeune homme tendit la main à celui qu'il avait frappé et l'aida à se relever, puis il le fit asseoir, prit place à côté de lui sur la banquette et commença à lui parler à voix basse, presque tendrement.

— Monsieur, savez-vous que dans la vie on ne peut pas faire n'importe quoi ? Il y'a des choses à respecter absolument, et des interdits qu'il ne faut en aucun cas transgresser, comme faire du mal aux enfants ou les effrayer comme vous l'avez fait tout à l'heure. Même si cela n'était pas votre intention, votre comportement a terrorisé une petite fille. Ensuite, vous vous en prenez à moi, vous tentez de me frapper. Pourquoi ? Face à votre agression, je me suis défendu mais je ne vous déteste pas. Le monde vous répugne peut-être et il est vrai qu'il n'est pas toujours beau, mais pourquoi attribuer aux autres votre malheur alors que vous en êtes probablement le propre artisan ? La conscience de votre infortune est si aiguë qu'elle vous a conduit à perdre la maîtrise de vos actes et c'est le premier pas vers une folie meurtrière.

Ce qui peut vous sauver de cette dangereuse dérive, c'est votre lucidité et cette bonté qui demeurent au fond de vous et que vous tentez de cacher derrière des comportements agressifs.

Souvenez-vous qu'il faut aimer, ne pas craindre de laisser transparaître ses émotions et qu'avoir les yeux humides n'est pas honteux, loin de là. On dit souvent que les yeux sont le reflet de l'âme. Je le pense vraiment. Les troubles de l'âme brouillent la tranquillité de l'esprit alors que la réflexion dans le silence et la conscience maîtrisée conduisent à la sérénité.

Vous êtes jeune encore, quels que soient vos problèmes, vos troubles, pourquoi ne pas user de tout ce que la vie nous offre pour que nous soyons en paix avec nous-mêmes et avec les autres : le pouvoir spirituel du yoga, la prière, la lecture, le sport et tant d'autres choses encore ! Il faut avoir la volonté de faire face, de ne pas s'abandonner au sort lorsqu'il semble s'acharner sur nous, ouvrir les yeux sur toutes les belles et bonnes choses qui nous entourent. Parfois, ce sont les choses les plus simples qui procurent le plus de joie.

Prenez votre courage à deux mains, faites avec votre conscience le travail nécessaire et vous aurez gagné, vous serez libre dans votre tête. Faites de la vie votre amie et de Dieu votre allié. Partez avec la conviction que vous n'êtes ni fou ni méchant et qu'il y a sur cette terre des gens prêts à vous sourire.

Au revoir, monsieur, je vous souhaite tout le courage du monde.

Et sur ces mots, le jeune homme se leva, quitta la rame et descendit sur le quai. Je le suivis.

Une fois sorti du métro, je me décidai à l'aborder.

— Excusez-moi, jeune homme, je me nomme Sam, je suis journaliste et j'aimerais vous poser une question. Auriez-vous quelques instants à m'accorder ?

— Bien sûr ! me répondit-il en souriant. Moi, c'est Harris. Que puis-je pour vous ?

— J'ai assisté au différend que vous avez eu avec cet homme dans le métro. J'ai été particulièrement stupéfait par votre façon de l'appréhender. Vous avez su déceler en lui autre chose que de la violence et avez trouvé les mots pour le ramener à la raison. Mais ce qui m'échappe, c'est ce que vous entendez par « regard humide ».

— Comme je l'ai dit, les yeux sont le miroir de l'âme. On peut lire comme dans un livre dans les yeux de son prochain. Tout y est concentré. L'amour comme la souffrance. Mais pour cela, il faut décrypter le sens spirituel de nos propres émotions. Ainsi, il est possible de saisir les énergies transmises par les uns et les autres, énergies positives autant que négatives. Il suffit alors de tendre l'oreille pour entendre celui qui demande de l'aide.

Pour revenir aux yeux humides, je dirai que c'est l'émotion fluide de l'amour qui tout autour du regard se propage comme une étincelle de lumière divine. Naissance de l'éternel amour de notre vie spirituelle composé d'une émotion complètement humidifiée, si profondément océanique que nous finissons tendrement par laisser couler des larmes de joie ou de tristesse.

C'était justement le cas de cet homme dans le métro. Un bon esprit et des yeux humides dans un corps tourmenté.

En fonction de notre éducation, nous voyons notre amour croître ou s'assécher.

C'est pourquoi il nous faut toujours respecter notre source d'énergie. En facilitant la fluidité de nos sentiments, nous avons le moyen de faire face à nos souffrances. Nous sommes notre meilleur remède.

— Stupéfiant ! Avez-vous d'autres surprises.

— Je pourrais vous parler du pouvoir spirituel de la vision panoramique. Cette vision dépend des valeurs de notre esprit. À esprit large, vision large et lointaine, à esprit rétréci, vision rétrécie…

Il est important de souligner que la vision panoramique ne peut être profitablement réalisable qu'à une seule condition : celle principalement de respecter les règles fondamentales des valeurs humaines que nous recevons logiquement dès l'enfance.

Nous récoltons ce que nous semons.

— Mais où avez-vous appris tout cela ?

— L'expérience de la vie…

— Merci, merci pour ce partage. Merci pour cette rencontre, si étonnante. Quelle belle façon d'achever l'année ! Je vais rester un mois ici. Pourrions-nous nous revoir ?

— Avec plaisir. Votre intérêt pour la nature humaine et les secrets et pouvoirs de l'âme me touche. Vous rencontrer est pour moi aussi une chance. Et à mon tour, je voudrais vous demander quelque chose. Je suis en train d'achever un manuscrit. Une belle histoire, composée d'intrigues et de merveilles. Accepteriez-vous de lire cette copie ?

Vous comprendrez alors comment la vie et ses mystères ont fait de moi ce que je suis aujourd'hui.

— Pourquoi me demander cela ? Nous nous connaissons à peine…

— Vous m'inspirez confiance. Votre regard humide exprime beaucoup de bonté, et votre avis sur ce roman pourrait m'être très utile. Surtout en tant que journaliste.

— C'est un grand honneur que vous me faites là, et c'est avec le plus grand plaisir que je lirai votre ouvrage. J'ai hâte de le découvrir, car comme vous l'avez compris je suis passionné par la nature humaine et ses secrets. Et si je peux vous aider dans votre parcours d'écrivain, c'est avec bonheur et fierté que je le ferai.

Sans plus attendre, il tira de son sac une copie de son manuscrit.

— Voilà, c'est pour vous.

En échange, je lui donnai mes coordonnées.

— Je suis descendu dans un hôtel de Montmartre.

— Que notre rencontre soit le début d'une longue amitié ! Tous mes meilleurs vœux de bonheur, Sam.

— Bon réveillon à toi, Harris.

Nous nous quittâmes non sans une certaine émotion en nous promettant de nous revoir très vite.

C'est au lendemain d'un réveillon bien arrosé que, profitant des rayons du soleil de ce mois de janvier naissant, je m'installai sur un banc du parc du Luxembourg, décidé à consacrer ma journée à la lecture du manuscrit de mon jeune ami.

J'allais découvrir l'aventure d'Harris et ses mystères.

Merveilleuse Grèce, pays de ma naissance. J'avais tout juste 25 ans lorsque, de retour en terre natale pour les vacances d'été, l'envie de raconter mon histoire se fit de plus en plus intense. Et c'est sur les hautes collines de Crête, face à l'océan et la plume au bout des doigts que je démarrai mon récit.

Certains des évènements parmi les plus marquants de notre existence exigent d'être couchés sur le papier.

Il nous faut laisser quelques témoignages de cette vie terrestre si vite achevée, répondre au besoin impérieux de léguer à ceux que nous aimons nos plus belles histoires, transmettre nos expériences aux générations futures et partager nos trésors spirituels, comme un acte d'amour éternel. Notre mémoire devient alors une éternité et ce sont les secrets du sens de la vie que nous consacrons telle une offrande universelle.

Je n'avais que 6 ans lorsque ma tendre mère décéda. Un sombre matin d'hiver, elle ne se réveilla pas. Ma mère, si belle, si douce, aimante et aimée de tous, jeune encore et bien portante, emportée dans son sommeil… Elle se prénommait Myriam et mon père, Nikos.

Cette disparition prématurée autant que mystérieuse plongea toute notre famille dans le désespoir et l'incompréhension. La veille encore, au soir de sa mort, je la revoyais, sourire aux lèvres, poser un doux baiser sur mon visage d'enfant.

Père et moi étions désormais seuls. Mais bien que bouleversé par cette tragédie, Père, grâce à sa foi en Dieu et son infinie sagesse, sut faire face à cette épreuve et je pus trouver auprès de lui réconfort et secours. Car s'il se livrait peu, les regards dont il m'enveloppait, en revanche, en disaient long sur l'affection qu'il me portait.

La perte d'un être cher est sans aucun doute l'épreuve la plus douloureuse que nous ayons à endurer. Lorsque ma mère disparut, je fus terrassé par le chagrin. Pour soulager ma peine, Père me rappelait sans cesse que ma mère était désormais auprès de Dieu, que la mort n'était qu'un passage et que Mère avait désormais accédé à l'éternité, éternité qu'un jour nous connaîtrions à notre tour, et que compte tenu de sa moralité et de sa spiritualité, nul doute qu'elle a gagné sa place au Paradis.

Mais malgré ces bonnes paroles et les efforts répétés de mon père pour me distraire, mon chagrin et l'absence de ma mère demeuraient toujours aussi douloureux. La propre tristesse de mon père était également palpable. Mes parents se connaissaient depuis l'enfance, ma mère avait été son premier amour et tous deux s'aimaient d'un amour profond.

Cependant, après quelques mois éprouvants, je retrouvai peu à peu le goût à la vie, et ce, précisément lorsque ma mère vint se manifester dans mes rêves. Elle m'apparaissait tel que je l'avais toujours connue, belle et vivante. Main dans la main, nous volions par-delà les nuages dans un ciel aux couleurs arc-en-ciel tandis qu'elle m'invitait à être heureux malgré les circonstances, car désormais elle reposait en paix. Son heure était venue et il me fallait accepter cette cruelle réalité.

Elle m'assurait que Père avait raison de croire en l'éternité, que rien ne sépare les cœurs aimants et qu'un jour de nouveau nous serions tous réunis au royaume des cieux pour nous aimer encore. Dans ce décor baigné de lumière divine où nous flottions l'un l'autre, elle me serrait dans ses bras et m'embrassait tendrement avant de s'en retourner auprès de ses ancêtres.

Avec l'arrivée du printemps, Père et moi retrouvâmes le sourire et notre peine, tout comme la météo, s'adoucissait peu à peu. Je n'allais pas encore à l'école, et pendant que Père, ouvrier du bâtiment, travaillait, je passais mes journées chez une tante en compagnie de mes cousins, goûtant de nouveau au plaisir des joies enfantines. Le soir, je retrouvais Père et ensemble nous passions de merveilleux moments. Nous allions au cinéma, ou faisions du vélo lorsque le temps le permettait. Il me donnait le meilleur de lui-même souhaitant plus que tout me voir heureux. Mon père était un humaniste, profondément enclin à la tolérance et au respect de l'autre. Pour lui, c'est dans ce que l'autre a de meilleur à nous donner que nous apprendrons à nous connaître. C'est ce qu'il appelait « l'échange équivalent ».

Un soir, un an après la disparition de Mère, tandis que mon père quittait ma chambre après, comme à son habitude, m'avoir embrassé et souhaité une bonne nuit, je fus pris d'un accès de fièvre accompagné de visions effrayantes. Je me mis à hurler :

— Papa ! Au secours ! Il y a trois petits monstres qui flottent là, juste au-dessus de moi ! Ils me veulent du mal !

Mon père se précipita dans ma chambre.

— Qui y a-t-il, Harris ? Je ne vois rien…

Tentant de me calmer, il constata que j'étais brûlant.

— Je vais appeler le médecin.

Mais je continuais de plus belle :

— Regarde ! Ils sont là, tout près du lit ! Ils me regardent méchamment…

— Harris… Je ne vois rien…

— Écoute ! Écoute-les ! Ils disent que l'éternité n'existe pas, que Dieu n'existe pas… Oh Père, aide-moi ! Je ne veux plus les voir ni les entendre. Ils sont l'œuvre du mal !

Soudain, je cessai de m'agiter.

— Oh père ! Vois-tu cette merveilleuse lumière ? Elle me protège comme un bouclier. Les monstres ne peuvent plus approcher…

Évidemment, Père ne voyait rien. Ni les monstres, ni même la lumière. Mais il se réjouit d'apprendre que je me sentais désormais protégé. Mon père appela le médecin qui me prescrivit un médicament pour faire tomber la fièvre.

— Maintenant, il te faut dormir, dit mon père. Grâce aux bons soins du médecin, ta fièvre va tomber et tu retrouveras la paix.

Le lendemain, je me réveillai avec une légère migraine. Mais comme Père l'avait promis, le médecin avait réussi à éloigner la fièvre. D'après lui, les hallucinations avaient été causées par ce soudain accès de fièvre. Il ne fallait pas s'en alarmer. Tout ceci n'était que passager.

Malheureusement, la réalité fut tout autre. Une nuit sur deux, je me réveillais, en proie à une forte fièvre, et aussitôt m'apparaissaient ces horribles créatures. N'ayant de cesse de me harceler, elles m'ordonnaient de renoncer à Dieu et affirmaient encore que l'éternité n'était qu'un leurre. Pas de Paradis pour les morts. À quel terrible chantage elles me soumettaient ! Pour retrouver la paix, il me fallait vendre mon âme au diable… Heureusement, cette lumière divine, apparue dès la première nuit et que je nommais bouclier magique, continuait de me protéger de leurs assauts.

Au petit matin, elles disparaissaient, effrayées par la lumière du jour naissant.

Les sages du village, ayant eu connaissance de mes troubles, y voyaient la manifestation de mauvais esprits.

Pour expliquer ces fièvres répétées, on me fit passer des examens médicaux qui ne révélèrent ni anomalie ni pathologie. Ces phénomènes apparemment dépassaient le cadre médical et dans le village on commença à avancer la possibilité de phénomènes paranormaux.

Même si mes troubles pesaient lourdement sur notre vie de famille, mon père s'attachait à rester positif et avait grand espoir que Dieu me libère bientôt de mes démons.

Un soir, trois semaines après la première fièvre, et tandis que nous dînions, Père m'annonça, avec une certaine émotion dans la voix, qu'il avait l'intention de me faire découvrir la France. Une de ses sœurs vivait là-bas, et lui-même avait vécu et travaillé quelques années à Paris avec Mère. La France était un beau pays et il était sûr que ce voyage me serait fort bénéfique. De plus, il avait entendu parler d'une certaine Catherine, une femme très pieuse, capable de grands miracles, et qui aurait le pouvoir de me guérir des mauvais esprits. Il souhaitait que nous la rencontrions. Le travail ne manquait pas dans le bâtiment et il était sûr de trouver rapidement un emploi. Il m'inscrirait à l'école, chargerait ma tante de veiller sur moi quand son travail serait trop prenant et faisait confiance à un bon ami installé à Paris pour nous trouver un logement à bas prix.

Je me réjouissais à l'idée de ce voyage et fondais déjà de grands espoirs sur les prouesses potentielles de cette dénommée Catherine.

Quelques jours plus tard, nous quittions notre village bordé par l'océan. J'avais 7 ans. Et lorsque l'avion décolla, je ne pus retenir quelques larmes, conscient déjà de ce que nous laissions derrière nous.

À Paris, nous fûmes accueillis par la sœur de mon père et ses enfants. Ma tante Pénélope était célibataire, ses petits se nommaient Marine et Ludovic. L'une âgée de six-ans et son frère de neuf-ans. Elle paraissait plutôt sympathique et semblait mener une existence agréable. Elle habitait une jolie demeure, au cœur de la capitale et c'est chez elle, précisément, que nous passâmes notre première nuit. Comme je faisais part à mon père de mon empressement à rencontrer Catherine, il m'annonça que nous lui rendrions visite dès le lendemain.

Exténué par la fièvre et les agitations nocturnes dont j'étais la proie depuis près d'un mois, je m'endormis rapidement, la tête posée sur le torse rassurant de mon père.

À l'aube, Père et moi avions pris le train qui devait nous mener vers Catherine.

Après deux heures de voyage, nous arrivâmes dans un orphelinat situé en pleine campagne. Père m'avait expliqué que Catherine était la mère supérieure de cette institution, tant sur le plan religieux qu'administratif.

En pénétrant dans les lieux, je ne pus réprimer une certaine appréhension. Catherine pourrait-elle répondre à mes attentes ?

Saurait-elle me guérir ? Avais-je eu raison de fonder tant d'espoirs dans cette rencontre ?

Après nous avoir fait patienter, Catherine nous reçut enfin dans son bureau. Elle me salua tendrement, et aussitôt mes craintes s'évanouirent. Père s'était déjà entretenue par téléphone avec elle, avant notre visite, elle savait donc tout de mes troubles et décida, sans plus attendre, de s'exécuter.

— Tu as bien fait de venir me voir, Harris. Sache que bientôt, tu retrouveras la paix.

Elle s'avança vers moi, posa une main sur mon front l'autre sur ma nuque et m'invita à fermer les yeux.

Après une minute, elle retira ses mains et me dit :

— Par la grâce de Dieu, tu vas désormais te sentir beaucoup mieux.

À l'instant où Catherine avait posé ses mains sur moi, je m'étais senti incroyablement léger comme si elle avait aspiré quelque chose de pesant en moi. Outre cette légèreté nouvelle, je me sentais également bien moins fatigué. Et c'est le sourire aux lèvres que je lâchai dans un souffle :

— Oh ! Catherine… Merci…

Elle sourit à son tour, puis m'expliqua que la guérison n'en était qu'à son tout début et qu'il nous restait encore un long chemin à parcourir.

— Le paranormal est un domaine complexe, précisément quand il s'agit de venir à bout de mauvais esprits nocturnes. Certes, ton état s'améliorera au fil des jours, mais pour envisager une guérison totale, il te faudrait séjourner ici le temps d'un trimestre.

Père se montra d'abord un peu affecté à l'idée qu'il nous faille nous séparer pendant trois mois. Mais le sourire que j'affichais alors et l'espoir de me voir guérir eurent raison de sa peine. Et sans réfléchir davantage, il accepta de me confier aux bons soins de Catherine.

Il fut alors convenu que je serai scolarisé dans l'établissement, que je pourrai voir Père chaque week-end et que c'est Catherine qui veillerait personnellement sur moi durant la nuit.

— Il va de soi que pour le moment j'accueille votre fils.

Après avoir exprimé toute sa gratitude à l'égard de Catherine, Père souhaita que nous nous isolions tous deux un instant dans le couloir.

Il me prit dans ses bras et me serra contre lui. La rencontre avec ce personnage hors du commun qu'était Catherine, cette séparation que nous n'avions pas envisagée, l'espoir maintenant tangible d'une guérison… notre émotion était à son comble. Et c'est sans un mot que nous partageâmes, serrés l'un contre l'autre, cet instant sans pareil.

Je décidai de séjourner à l'orphelinat sans plus attendre. Je me sentais à l'abri dans cette maison de Dieu et j'avais pleinement confiance en Catherine et sa capacité à me guérir. Après avoir rempli quelques formalités pour mon admission, elle nous présenta sœur Thérèse et la chargea de nous faire visiter l'établissement. Puis, elle nous salua et prit congé.

L'orphelinat était un vaste établissement à l'architecture admirable. De la salle de théâtre aux salles de classe en passant par les chambres, outre la propreté de chaque pièce visitée, tout ici respirait la douceur de vivre. L'établissement abritait en son sein une petite chapelle, baptisée du même nom que l'orphelinat lui-même « la maison du Saint-Esprit ». Tous les enfants que nous croisions affichaient des mines radieuses. À l'extérieur, les jardins succédaient aux cours et terrains de jeux. Au milieu d'une pelouse qui donnait envie de s'y allonger trônait une magnifique fontaine sculptée qui me fit immédiatement penser à un ange.

Tout dans ce lieu respirait la grâce. Et cette visite nous laissa, Père et moi, émerveillés.

Et puis vint le moment tant redouté où Père et moi dûmes nous séparer. En le regardant s'éloigner, je ne pus retenir mes larmes. Durant ces derniers mois, j'avais découvert à quel point mon père était un homme courageux et comme son soutien avait été précieux. Désormais, je devais avancer sans lui. Et même si l'espoir d'une guérison prochaine rendait la séparation moins éprouvante, mon cœur était gros.

Sœur Thérèse me prit dans ses bras et grâce à cette chaleureuse étreinte et à ce lieu paisible, je retrouvai rapidement mon entrain.

On m'avait installé dans une petite chambre individuelle, à proximité de celle de Catherine.

Si j'étais rassuré de savoir désormais qu'elle veillait sur moi, je ne pouvais m'empêcher malgré tout de ressentir une certaine anxiété à l'approche de la nuit.

J'étais sur le point de me coucher lorsque Catherine entra dans ma chambre. S'asseyant près de moi sur le lit, elle engagea la conversation.

Après que je lui ai fait part de mes impressions sur cette première journée passée à la maison du Saint-Esprit et que je lui ai dit combien je me sentais apaisé en sa présence, je ne pus cependant cacher mon appréhension.

— J'ai tout de même un peu peur que les mauvais esprits viennent me hanter cette nuit encore…

Elle m'exhorta à me détendre et à chasser de mon esprit ces vilaines créatures.

— En te concentrant sur le bien, tu éloigneras le mal. Ne pense qu'aux bons moments qui t'attendent ici. Tes nuits désormais m'appartiennent. Tu es sous ma protection et celle de Dieu. En témoigne cette belle lumière qui irradie autour de toi et tient à distance les mauvais esprits.

Décidément, cette femme était stupéfiante. Ce bouclier magique que je pensais être le seul à voir, elle le voyait aussi ! Cela finit de me rassurer totalement. À cet instant, je pensai à mon père. Je le remerciai de m'avoir conduit jusqu'ici. Une fois encore, je mesurais toute la chance d'avoir à mes côtés un père tel que lui.

Même si certains des propos de Catherine restaient un peu obscurs à saisir pour le garçon de 7 ans que j'étais alors, je retins l'essentiel : tant que l'on garde la foi, le bien l'emportera toujours sur le mal.

Afin que je trouve le sommeil rapidement, Catherine me fit boire un verre de lait chaud au miel puis entreprit de brûler de l'encens dans la chambre.

Comme je m'en étonnais, Catherine s'expliqua :

— C'est de l'encens religieux, tout à fait naturel. Les mauvais esprits détestent ça.

— C'est une recette magique ! m'exclamai-je.

— Oui, je suis une fée, lâcha-t-elle dans un sourire, tandis que je fermais les yeux, happé par le sommeil.

La première nuit au Saint-Esprit fut des plus paisibles. Même s'il était encore trop tôt pour parler de guérison, je pressentais néanmoins que j'étais sur la bonne voie et que la résolution de mes troubles se trouvait en cette maison du Saint-Esprit.

Je me sentais chaque jour un peu mieux, enfin débarrassé des fièvres et des hallucinations nocturnes. Je continuais à mettre en pratique les prescriptions de Catherine : boire un verre de lait au miel, le soir au coucher, brûler de l'encens dans ma chambre, laisser place aux pensées positives et m'en remettre à Dieu.

Porté par la magie du lieu, empreint d'une profonde spiritualité, et la bienveillance de ceux qui l'habitaient, je redevenais peu à peu un enfant, goûtant de nouveau aux joies et plaisirs de mon âge, et oubliais définitivement tout des affres du monde des mauvais esprits. Il m'arrivait même certaines nuits de rêver de nouveau de ma défunte mère.

Je m'étais fait des camarades parmi les orphelins de la maison et me découvrais un intérêt particulier pour le sport, l'histoire et le français.

Mais je me réjouissais tout particulièrement du bonheur retrouvé de mon père. En me conduisant ici la toute première fois, il ne pouvait s'imaginer que je retrouverais la paix si rapidement. Désormais, il était de nouveau un père comblé, spectateur enchanté de ma plénitude retrouvée.

J'avais rejoint mon père pour le week-end comme nous en avions pris l'habitude depuis mon entrée à l'orphelinat. Selon ce qui avait été convenu, il ne me restait plus qu'une semaine à passer à la maison du Saint-Esprit. Et si cela me chagrinait quelque peu, je n'en avais cependant rien dit à mon père.

Et tandis que la soirée s'achevait dans la bonne humeur autour de l'évocation de quelques bons souvenirs, mon père afficha soudain un air sérieux :

— Même si tu ne l'exprimes pas, je sens bien que l'idée de quitter bientôt l'orphelinat t'attriste.

Bien qu'un peu troublé par la perspicacité de mon père, je saisis l'occasion qui m'était donnée et lui livrai ma tristesse.

— Ils vont tous me manquer beaucoup. Je suis très attaché à la Maison du Saint-Esprit.

Craignant aussitôt que mes propos aient été blessants pour Père, je m'exclamai sans attendre :

— Mais le plus important, c'est toi, papa ! J'irai où tu iras.

Je sautai dans ses bras et le remerciai pour son amour, son courage, pour ma guérison dont il était le premier responsable puisqu'il avait su me conduire vers Catherine. Je ne voulais pas lui faire de peine et me sentais confus d'être attaché à cette maison du Saint-Esprit.

Loin d'être fâché par ce que je venais de lui confesser, mon père se montra fort compréhensif et rassurant. Ayant envisagé ma tristesse avant même que je l'exprime, et conscient de tous les bénéfices tant physiques que spirituels que la vie à l'orphelinat m'apportait, il s'était entretenu avec Catherine et tous deux s'étaient entendus pour que je poursuive ma scolarité à la Maison du Saint-Esprit.

Bien que cette nouvelle me ravisse, j'avais la douloureuse impression qu'en écoutant mon désir, j'abandonnais mon père.

Mais avec du recul, je sais aujourd'hui que cette décision fut la bonne. Mon père travaillait durement et j'aurais certainement été un poids si j'étais resté auprès de lui. Durant les 7 années que je passai à la Maison du Saint-Esprit, je n'eus jamais à manquer de quoi que ce soit et malgré l'absence et la distance, les liens qui m'unissaient à mon père s'en trouvèrent renforcés.

Il me sembla que mon séjour à la Maison du Saint-Esprit ne dura qu'un instant. Et pourtant, lorsque vint le jour où je devais, cette fois pour de bon, quitter l'orphelinat, j'avais déjà quatorze ans. Combien de moments magiques j'avais vécus et partagés dans cette maison ! De plus, grâce à l'excellence de l'enseignement dispensé à l'orphelinat, je possédais désormais de solides connaissances tant sur le plan intellectuel que sur le plan spirituel.

Et puis vint le jour du départ. Le cœur lourd, j'allais faire mes adieux à Catherine. Remarquant ma tristesse, elle m'enjoint immédiatement à la chasser et me dit :

— Tu ne seras plus jamais seul, Harris. Désormais, tu es riche de souvenirs et de trésors spirituels. Tout ce que tu as vécu et acquis ici t'accompagnera tout au long de ta vie. Tu vas nous manquer, mais sache que toi et moi nous nous reverrons.

Face à mon étonnement, elle enchaîna :

— Lorsque tu auras atteint tes vingt ans, quelques évènements d'ordre spirituel viendront bousculer le cours de ta destinée. Ton chemin sera certes épineux, partagé entre notre monde et celui de l'invisible, mais tu sauras franchir toutes les étapes, car tu es promis à un merveilleux avenir spirituel. Tu as beaucoup à offrir à l'humanité.

Comme je la pressais de questions, abasourdi par ce que je venais d'entendre, elle ajouta :

— Le jour venu, je serai là, car mon devoir est de t'accompagner au long de ce chemin. En attendant, promets-moi de toujours faire preuve de patience et de courage. Laisse-toi porter par le destin et fais les choix qui te paraîtront les plus justes.

J'aurais voulu la questionner encore, percer les mystères de ce curieux discours, mais il fallait déjà nous quitter. Mon père arrivait. En m'embrassant, elle souffla à mon oreille :

— À bientôt, Harris.

À la lumière du jour, je laissais ce merveilleux visage derrière moi. L'évocation de son souvenir était à chaque fois source de joie, les gens l'aimaient. Catherine, la mystérieuse, qui consacra sa vie à Dieu dans le cœur tendre des humains.

Je quittais la Maison du Saint-Esprit, la tête pleine des mots de Catherine. À présent, j'entrevoyais mon avenir telle une aventure héroïque au centre de laquelle se déployait une prodigieuse quête spirituelle. Mais avant de me projeter dans cet avenir hors du commun, prédit par Catherine, il me fallait d'abord faire face au présent.

Après avoir quitté l'orphelinat, j'allais habiter chez ma tante Pénélope, là même où j'avais passé ma première nuit française.

Mon père m'avait inscrit dans un établissement du quartier et je me fis rapidement à cette nouvelle existence, partagée entre le collège et la vie de famille.

Mon père était très pris par son travail et nous saisissions la moindre occasion de passer du temps ensemble. Même si nous voyions plus souvent qu'à l'époque où je vivais à l'orphelinat, il nous semblait que nous avions des moments à rattraper.

J'étais à Paris depuis 3 mois, lorsque mon père m'annonça qu'il devait quitter la France.

— On m'a confié un chantier en Asie. Je dois partir pour un an.

— Un an ! m'exclamai-je.

— Je reviendrai entre temps, une fois ou deux… Et puis un an, c'est vite passé. Entre le collège, tes amis, la vie en famille, tu te rendras à peine compte de mon absence.

Père avait raison. J'aimais bien cette nouvelle vie, j'avais trouvé mon rythme. Et même si je savais qu'il allait me manquer durant cette année, j'acceptais la nouvelle sans sourciller et me montrais compréhensif. J'aimais mon père plus que tout, et je m'imposais de le soulager en toute circonstance.

Cependant, l'idée de me retrouver seul avec ma tante ne m'enchantait pas particulièrement. En effet, son attitude à mon égard m'affectait quelque peu.

Je me confiai à mon père :

— Père… Je crois que Pénélope ne m'aime pas.

Aussitôt, je regrettais de m'être épanché ainsi.

— Harris ! Pénélope t'aime beaucoup. Comment peux-tu en douter ?

Je reconnus que j'avais été stupide de penser ainsi et le sujet fut clos.

Une semaine plus tard, Père s'envolait pour l'Asie. Il était temps pour moi d'apprendre à mieux connaître Pénélope.

Malheureusement, ce que j'avais pressenti ne tarda pas à se vérifier. Au fil des jours, Pénélope se dévoilait un peu plus, montrant son vrai visage. Sans la moindre raison apparente, elle se faisait tantôt méprisante, tantôt agressive et exigeait de moi toutes sortes de tâches. Je devenais peu à peu corvéable à merci, devant répondre à la moindre de ses exigences à toute heure du jour et de la nuit. Et immanquablement, j'essuyais ses sarcasmes et son insatisfaction. Pour la première fois de ma vie, je découvrais ce qu'était l'humiliation.

Ne comprenant pas les raisons de son attitude à mon encontre, je n'avais de cesse de m'interroger. L'avais-je heurtée, offensée ? Avais-je commis un impair qu'elle ne m'aurait pas pardonné ?

Un soir, ne tenant plus, j'osais affronter ma tante :

— Tante, pourquoi me traitez-vous de cette manière ? Depuis le départ de Père, vous n'avez de cesse de m'humilier ? Qu'ai-je donc fait pour mériter un pareil traitement ?

Comme je la sommais de me donner des explications et menaçais de parler à mon père si elle perdurait à me traiter de la sorte, elle me dit d'une voix doucereuse que je ne lui connaissais pas :

— Je suis désolée d'avoir été si dure avec toi. Je ne sais trouver d'explication à mon comportement. Mais, je te le promets, je vais changer. Pardonne-moi. Je t'aime comme mon propre enfant.

Bien que dubitatif, je fus touché d'entendre ma tante s'exprimer ainsi. J'écoutais mon cœur et décidais de pardonner. De plus, je m'engageais à ne rien dire de cet épisode douloureux à mon père.

Ce soir-là, pour la première fois depuis plusieurs semaines, je me couchais paisible et soulagé. Cette conversation avait été bénéfique et je voulais croire que désormais tout allait rentrer dans l'ordre.

Mais mon répit fut de courte durée. Moins d'une semaine après notre conversation, ma tante rompit sa promesse. Et de nouveau, je dus subir quotidiennement sa méchanceté et ses accès de colère. Puis aux mots s'ajoutèrent les coups. Malgré l'épuisement et la crainte, je continuais de m'interroger, cherchant à comprendre pourquoi elle agissait ainsi. Il m'était devenu impossible de reconnaître en cet être diabolique et manipulateur ma propre tante.

J'aurais pu penser que cette femme était psychiquement malade. Hélas non. Tout dans ses actes était réfléchi. Elle agissait en toute conscience et s'adonnait avec plaisir au sadisme et à la perversité. De plus, elle n'avait d'ailleurs qu'avec moi ce comportement. Aucun geste déplacé à l'égard de quiconque, y compris ses propres enfants. Elle était donc à mes yeux tout à fait responsable de ses actes et violait impunément mon innocence d'enfant.

Ma vie dans cette maison était soumise à toutes sortes de tâches, toujours plus éprouvantes. Au fil des jours, ma santé se dégradait. J'étais complètement sous la domination de cette femme. Psychiquement anéanti et terrifié.

Je trouvais seulement un peu de réconfort auprès de mes petits cousins qui semblaient me porter une réelle affection.

Les violences physiques étaient devenues quotidiennes. Ceinturon, martinet, gifles et coups meurtrissaient mon corps. Pénélope faisait toujours en sorte que les marques laissées par ses actes de violence puissent être dissimulées afin de ne pas attirer l'attention du voisinage ou de l'administration scolaire. Après les coups, elle se repentait, me plongeant dans la plus totale incompréhension au regard du monde des adultes. Chaque nuit, je priais Dieu, l'implorant de mettre fin à mon calvaire. Je n'étais plus qu'un pantin manipulé et humilié, incapable de riposter face à la monstruosité dont j'étais victime. Ces perversions de l'âme me causaient bien plus de douleurs que celles endurées lorsque j'avais été assailli par les mauvais esprits des nuits de mon enfance. Pénélope poussait le vice jusqu'à endormir ma conscience. Je me prenais alors à croire qu'elle m'aimait sincèrement, que tout ceci n'était que passager, et qu'un jour, elle changerait.

Scolairement, c'était la dégringolade. Exténué par le rythme que ma tante m'imposait et entamé moralement à force d'humiliation, je n'arrivais plus à suivre les cours et m'endormais en classe. Il est vrai que j'aurais pu alerter le collège, signaler les mauvais traitements dont j'étais victime. Mais la peur et la honte me paralysaient. Je craignais plus que tout les représailles de ma tante. Alors je me taisais, masquais mes hématomes et souriais, feignant de me porter le mieux du monde, et tentais de profiter pleinement du moindre moment passé hors de l'atteinte de Pénélope. Parfois, j'errais dans les rues de Paris, toujours avide de nouvelles découvertes. Mais tôt ou tard, presque malgré moi, je reprenais le chemin de la maison des cauchemars. Père et moi arrivions parfois à nous entendre par téléphone, mais là encore il m'était impossible de parler de quoi que ce soit.

Après 6 mois d'absence, le retour de mon père se rapprochait et la perspective de le retrouver bientôt m'emplissait d'allégresse.

Et plus son retour s'exprimait, plus l'inquiétude de Pénélope était palpable. De toute évidence, elle craignait que je révélasse à son frère le calvaire que j'endurais depuis son départ. Poussée par la peur, elle changea alors de comportement. Elle se radoucit et se montra tout à fait gentille à mon égard, presque maternelle, m'offrant ainsi quelque répit. Et une fois encore, je voulus croire au miracle. J'aurais pu, il est vrai, m'interroger sur sa sincérité. Mais elle était ma tante, l'esprit de famille m'animait, et malgré tout le mal qu'elle m'avait fait, j'espérais qu'elle pouvait changer encore.

Un jour, je la trouvai en larmes. Elle implora mon pardon. Touché par ses larmes ; désireux de lui donner une chance de se racheter et aspirant à une vie de famille apaisée, je lui fis la même promesse que précédemment : ne rien révéler à mon père.

Puis vint le jour tant attendu des retrouvailles avec mon paternel. À l'aéroport, je tombais dans ses bras et éclatais en sanglots. Notre étreinte avait pour moi un goût de délivrance. Mon attitude bouleversa mon père. Comme il s'étonnait de me voir pleurer ainsi, je lui assurais être très ému de le retrouver enfin. Mon père ne parut pas convaincu par mon explication. Comme tout parent attentif à son enfant, il avait immédiatement perçu mon trouble. Je m'accrochais à la promesse que j'avais faite à Pénélope, mais à dire vrai, j'étais tenaillé entre mensonge et vérité.

Le soir, de retour chez Pénélope, tandis que j'étais sur le point de me coucher, mon père vint me trouver dans ma chambre.

— Tu as mauvaise mine, Harris. Tu es triste, amaigri. Tout à l'heure, à l'aéroport, je ne t'avais jamais vu verser autant de larmes depuis le décès de ta mère. J'ai regardé tes bulletins scolaires. Tes résultats sont médiocres. Qu'est-ce qu'il t'arrive ? Que me caches-tu ? Je suis très inquiet.

Il m'enveloppait de son regard empreint d'amour et de tendresse, ce regard qui m'avait tant manqué pendant ces longues semaines douloureuses :

— Je te demande pardon. Père. J'ai eu du mal à supporter ton absence et je me suis laissé aller. Mais je te le promets, je vais me ressaisir.

— Si mon absence est difficile pour toi, je peux renoncer à repartir en Asie. Je ne veux pas te voir souffrir davantage, tu as assez enduré pour un garçon de ton âge.

Je le rassurais, l'engageais à terminer sa mission en Asie et lui promettais d'être en pleine forme pour son prochain retour parmi nous.

Je fus sans doute convaincant, car, mes propos parurent le tranquilliser. Il me fit ma promesse de ne plus accepter de mission qui l'éloignerait de moi si longtemps et après m'avoir embrassé tendrement, quitta la chambre.

Père et moi passâmes ensemble une semaine exceptionnelle, faite d'émotions intenses et de moments riches qui s'inscriraient dans l'avenir comme des souvenirs inoubliables. Ce temps partagé confirmait une fois encore ce plaisir de vivre ensemble.

Puis père repartit pour l'Asie. Et je me retrouvais seul face à ma tante. J'allais savoir si j'avais eu raison ou non de garder le silence. J'affrontais ce moment de vérité, oscillant entre angoisse et confiance.

Selon le dicton, la foudre ne tombe jamais au même endroit. Mais Pénélope fit mentir le dicton et mon père à peine parti, elle me trahit de nouveau. Toujours sans aucune raison connue, les tortures tant physiques que psychiques reprirent. Comme avant le séjour de Père, humiliations et sévices corporels peuplaient mon quotidien. À bout de force et de questionnement, je finis par supposer que Pénélope était possédée. M'appuyant sur ma connaissance spirituelle des mondes du bien et du mal, j'en vins à penser que ma tante était sous la coupe de quelque mauvais esprit.

Son comportement irrationnel était donc l'œuvre du paranormal… J'avais été moi aussi la proie d'esprits malveillants, et je savais à quel point ses esprits frappeurs pouvaient être diaboliques et manipulateurs. En prenant possession de ma tante, ces mauvais esprits nous condamnaient l'un et l'autre : elle à la violence, moi à la souffrance.

Je m'accrochais un temps à cette hypothèse. Mais très vite, je dus me rendre à l'évidence. Pénélope n'avait rien d'une possédée. Elle était bien trop appliquée et calculatrice pour être sous l'influence d'esprits malsains. De plus, j'étais la seule cible de ses violences. Un être possédé répand l'amertume de son malaise sur quiconque, à commencer par ses propres enfants.

Aussi cruelle soit-elle, je devais accepter la réalité. L'humain peut œuvrer aussi diaboliquement que les esprits du mal. Ce constat me terrifiait. J'étais trahi, humilié, battu. Mon silence n'avait que trop duré. J'étais désormais décidé à tout révéler à mon paternel. C'est sûr, pour le moment, je ne voulais en rien le gêner dans son travail à l'étranger. J'avais déjà connaissance du chômage des adultes.

Mais en attendant son retour, il me fallait souffrir encore les abus et sévices de ma tante. Sa violence et son sadisme semblaient ne pas avoir de limite. Non contente de me battre et de m'affamer, elle me forçait à dormir assis sur la lunette des toilettes.

Certains jours, les tortures étaient telles que j'en vins à craindre pour ma vie. Plusieurs fois, je fus tenté de m'en remettre à l'administration du lycée, de révéler enfin mon cauchemar. Mais à chaque fois, je reculais et continuais à m'enfermer dans mon mutisme.

C'était à mon père que je devais rapporter mon calvaire. À lui et lui seul. Cette histoire, aussi terrible soit-elle, ne concernait que notre famille.

Toujours animé par mon esprit de famille, j'estimais que c'était à Père de mettre fin à ma détresse et non à de quelconques inconnus.

Trois mois me séparaient encore de mon père, et la violence de Pénélope allait crescendo. Je vivais dans une angoisse perpétuelle. Physiquement, je continuais à décliner. Mais dans cette épreuve, Dieu m'envoya un signe. Je sus alors que dans sa grande miséricorde, il ne m'avait pas oublié. Lorsque je me trouvais enfermé dans l'obscurité des toilettes, la lumière divine qui autrefois m'avait protégé de la présence des mauvais esprits m'apparaissait, sous la forme d'une multitude de petits points lumineux infiniment irisés qui donnaient soudain à la pièce une clarté étincelante.

Je pensais beaucoup à Catherine aussi, et à ses prédictions quant à mon avenir. Elle m'avait donné tant de preuves de son pouvoir de perception, que douter de sa parole eut été comme la trahir. Je me remémorais cette promesse que je lui avais faite : ne jamais reculer, abandonner, quelles que soient les épreuves. Je m'accrochais à son souvenir et à ses bonnes paroles pour ne pas basculer dans le désespoir le plus total. Indubitablement, Pénélope voulait ma mort.

Tandis que le retour de mon père était imminent, Pénélope, plutôt que de se radoucir comme elle l'avait fait précédemment à l'approche de son arrivée, redoubla de véhémence. À force de coups de ceinturon, mon corps n'était plus qu'une plaie. Elle serrait parfois si fort mon cou, qu'à plusieurs reprises, suffoquant, à bout de souffle, je crus ma dernière heure arrivée. J'en étais convaincu, elle me tuerait avant le retour de mon père.

Un soir, mes forces ont fini par m'abandonner. La promesse faite à Catherine de ne jamais baisser les bras, et l'admirable lumière divine qui éclairait l'obscurité de mes nuits ne suffirent plus à apaiser ma détresse. Je capitulais. Dans la salle de bains, face au miroir, dans lequel je ne me reconnaissais plus tant j'étais défiguré par la souffrance et les coups, furieux dans le feu de l'action, je décidai de mettre fin à sa vie. J'étais dans un tel état de désolation que la colère pour la première fois m'avait emporté.

Armé d'un couteau de cuisine pointé sur son ventre, la douleur fit place à la vengeance et s'immisça en moi comme un poison violent. Sans pouvoir raisonner, j'allais en finir avec Pénélope.

À présent, toujours le couteau dans sa direction, elle dormait dans ce sadisme avec un vulgaire sourire qui la trahissait même dans le sommeil.

Et tandis que Pénélope s'apprêtait à pousser son dernier soupir, soudainement l'image de ma merveilleuse mère m'apparut. Elle était transparente, auréolée de cette lumière divine qui l'enveloppait et qui m'avait ébloui dans l'obscurité et protégé de la malfaisance des mauvais esprits. Elle irradiait d'éternité.

Fasciné par cette apparition, je suspendais mon geste épargnant ainsi à Pénélope le coup fatal. J'entendis alors ma mère murmurer à mon oreille :

— Dieu ne t'a pas oublié, mon fils. Il t'aime autant que je t'aime. Espère. Espère encore. Tous tes rêves seront un jour réalité. L'éternité n'est pas un mensonge, ne l'oublie jamais. Nous nous retrouverons.

Sur ces mots, l'image de ma mère s'évapora. Tout était allé très vite et je regrettais de ne pas avoir pu la serrer dans mes bras. Mais ce miracle que Dieu m'avait accordé avait insufflé en moi une force nouvelle. Ma mère avait confirmé les prédictions de Catherine et m'avait assuré de la vie éternelle.

Lorsque le jour se leva, mon désespoir autant que mes désirs de vengeance finirent de se dissiper.

J'étais regonflé à bloc. Je respirais de nouveau à pleins poumons et l'air avait un parfum d'espérance. J'avais désormais la certitude que mon calvaire toucherait bientôt à sa fin. Et pour résister aux derniers assauts de violence de Pénélope, je fis appel à mon imagination. Je me créais un monde fantastique, à l'image des contes de fées, peuplés de créatures bienfaisantes qui à force d'héroïsme finiraient par terrasser la méchante sorcière qu'était Pénélope. Plongé dans cette dimension onirique, je trouvais le courage et la ressource d'endurer les sévices de ma tante.

Le matin du retour de mon père, tandis que je m'apprêtais à partir au lycée, on sonna à la porte à plusieurs reprises. Pénélope, soudain très pâle, hésita longtemps avant d'aller ouvrir. Elle avait compris ce que je n'avais pas encore compris. C'était la police qui, alertée par un voisin, venait arrêter Pénélope et par là même, mettre fin à mon calvaire. Nous fûmes tous deux conduits au commissariat. Même si j'éprouvais un certain soulagement, j'étais pétrifié par la soudaineté de cette arrestation et de ses conséquences pour ma tante. Pendant des mois, elle avait été mon bourreau, mais elle n'en demeurait pas moins la sœur de mon propre père. Et je n'osais imaginer la réaction de ce dernier lorsqu'il apprendrait la vérité sur cette histoire.

On me conduisit dans les locaux de la brigade pour mineurs afin d'y prendre ma déposition et je fus examiné par un médecin.

Jusqu'à ce jour, j'avais fait en sorte de protéger ma famille en gardant le silence sur les agissements de Pénélope à mon égard. Selon moi, c'était à Père de régler cette histoire. Mais avec l'intervention de la justice, cette affaire débordait du cadre familial et mon père ne pourrait plus rien pour sa sœur. Qu'adviendrait-il alors de mes cousins ? Ma tante aimait profondément son fils et sa fille. Tortionnaire avec moi, elle était néanmoins une bonne mère pour ses enfants et l'idée qu'ils puissent être séparés m'était intolérable.

Soulagé d'être désormais sous protection, je n'étais animé ni par la colère ni par la vengeance, mais par le désir de protéger ma tante et espérais que cette affaire pourrait encore se résoudre en famille.

Au cours de mon interrogatoire, mené par une inspectrice, je minimisais les faits et mentais sur la réalité des maltraitances. Je voulais à tout prix garantir le bénéfice du doute à l'encontre de Pénélope. Je savais que ma déposition était capitale et serait déterminante pour son avenir. Je voulais à tout prix lui éviter la prison, refusais de séparer des enfants de leur mère, et de me soustraire au code de la famille qui m'était si cher.

À l'inspectrice, je décrivais ma tante comme une femme aimante et attentionnée, toujours soucieuse que nous ne manquions de rien.

Cependant, le rapport médical était accablant et venait contrarier mes dires. Comment expliquer plaies et ecchymoses sur mon corps et mon visage ? J'invoquai alors d'imaginaires bagarres de rues et restai flou sur l'identité de mes agresseurs.

L'inspectrice n'était pas dupe. Elle savait pertinemment que la vérité était ailleurs. Mais je crois qu'elle comprenait mes motivations.

Désormais, c'était à la justice de décider du sort de Pénélope. Et elle ne pourrait le faire que sur la foi de mon témoignage.

De son côté, ma tante avait tout nié en bloc. La femme machiavélique qu'elle était se défendait de mensonges.

À la fin de mon interrogatoire, une jeune inspectrice me conduisit dans un endroit paisible où elle m'invita à me reposer en attendant le retour de mon père. Épuisé par les évènements, je m'endormais. Et lorsqu'une heure plus tard je me réveillai, je trouvai mon père à mes côtés. Dès son arrivée à l'aéroport, il avait été prévenu par un inspecteur et conduit directement auprès de moi.

Notre émotion fut si forte qu'il nous fut impossible de prononcer le moindre mot pendant un moment.

Puis je lui expliquai pourquoi je m'étais résigné au silence et n'avais rien dit lors de son précédent passage en France. Je lui parlais des promesses répétées de Pénélope, de mon désir de pardonner, de ma foi en sa rédemption. Je lui fis part aussi de toutes mes interrogations quant à ses agissements et de mon attachement à l'esprit de famille. Je voulais qu'il soit seul à faire justice, seul à décider du sort de sa sœur. Enfin, j'exprimais mon inquiétude quant au futur de Pénélope et ma crainte qu'elle soit séparée de ses enfants.

— Tu as fait preuve de beaucoup de courage, mon enfant et je regrette d'avoir tant manqué de vigilance. Ta mère serait fière de toi. Pour ce qui est de ta tante, je crois savoir pourquoi elle a agi de la sorte avec toi. Mais il est encore un peu tôt pour en parler. Avant toute chose, tu dois reprendre des forces.

Et il ajouta que ma tante serait relâchée pour insuffisance de preuves et retrouverait très bientôt ses enfants. Cette nouvelle m'emplit de joie. Tout à fait ragaillardi, je racontai alors à Père l'intervention divine dont j'avais été le témoin et l'acteur à l'instant même où j'allais commettre l'irréparable. Je lui décrivis l'apparition de Mère en habit de lumière, sa voix douce et murmurante et lui rapportai ses paroles.

Mon récit émut Père. Son corps fut parcouru de frissons. Il remercia Dieu de nous avoir permis d'éviter le pire et me dit combien j'étais privilégié d'avoir pu vivre cette manifestation divine.

— Cet instant d'éternité que Dieu t'a donné de vivre marquera ta vie à jamais.

Je compris alors, en écoutant mon père, que de cet épisode douloureux de ma vie, il ne me resterait que le meilleur. Mes souffrances n'avaient pas été vaines. Dieu dans mon courage m'avait sauvé du gouffre et ouvert à la vie éternelle.

Bien sûr, il n'était pas question que je retourne chez Pénélope. Le juge des enfants, soucieux de ma protection, devait rendre ses conclusions prochainement.

N'ayant ici pour seule famille que Pénélope, mon père émit l'hypothèse d'un retour en Grèce. Chez nous, sur notre terre, entourés des nôtres, la vie serait sans doute plus simple à organiser et le juge n'y verrait sûrement pas d'objection.

Mon intuition pourtant me portait à croire qu'un retour en Grèce n'était pas opportun. Selon moi, c'était ici, en France, que se réaliseraient les prédictions annoncées par Catherine et confirmées par ma mère. Je rappelai à Père que c'était en France que j'avais été guéri des mauvais esprits. Sa décision de quitter notre pays avait été la bonne. Et ses sacrifices payants. Pénélope n'était qu'un accident de parcours et je croyais de toutes mes forces en ma destinée. J'étais sur la voie de ma quête spirituelle.

— Tu ne cesseras jamais de me surprendre, s'exclama Père. Moi aussi, je crois en ton avenir.

— Remettons-nous-en à la décision du juge, concluais-je. Quelle qu'elle soit, elle ne pourra desservir nos intérêts.

Par décision du juge, je restais sous protection de la police jusqu'à ce que ses conclusions soient rendues. Cela signifiait que je devais encore être séparé de mon père pendant quelque temps. Voir mon père quitter les lieux sans moi m'emplit d'une tristesse infinie. La peine du paternel était si visible ! Ses larmes exprimaient la cruelle trahison qu'il venait de subir de sa propre sœur. Du moins, à ce moment-là, c'est ce que j'ai pu lire dans les yeux aimant de celui-ci. Alors que je le regardais s'éloigner, au travers d'une vitre teintée, je le vis se poster devant ma tante et la gifler.

Je passais plus d'un an dans un foyer de réadaptation, au milieu d'adolescents, eux aussi, en souffrance. Ce qui nous départageait cependant c'est que, contrairement à eux, j'avais la chance de vivre à la frontière de deux mondes parallèles. Et je remerciais le ciel de m'avoir ouvert les portes de l'univers spirituel, parfait refuge contre les maux d'ici-bas. Parfois, je pouvais ressentir pleinement la présence de l'esprit de ma mère ou encore celui de mon grand-père.

Comme j'arrivai à l'âge de 15 ans, le juge nous convoqua enfin. Comme mon père l'avait justement supposé, il nous proposa deux alternatives. Un retour en Grèce ou mon placement sous tutelle de l'État, dans un centre pédagogique équestre en vue de ma reconstruction jusqu'à ma majorité. Après réflexion, nous optâmes pour mon placement. J'avais toujours aimé les chevaux et ce placement était pour moi la promesse d'être formé à un métier qui avait tout pour me plaire.

L'Auvergne

Quelques mois plus tard, je quittais Paris pour le centre de la France. Mais avant mon départ, Père me fit des révélations sur Pénélope. Lorsqu'elle vivait encore en Grèce, ma tante avait eu une petite fille qu'elle avait perdue de façon tragique et elle tenait mon père pour responsable de cette disparition. Alors que Père était chargé de surveiller sa nièce en l'absence de ma tante, la petite échappa une poignée de secondes à son attention et tomba dans le vide. Une tragédie qui marqua tous les esprits de notre famille et des gens du village. Ma tante ne pardonna jamais à mon père cet instant d'inattention qui lui avait arraché sa fille. Folle de chagrin, elle s'était promis de se venger quand l'occasion lui en serait donnée. J'avais donc payé le prix fort de sa vengeance, pour une histoire de famille qui nous avait tous endeuillés depuis longtemps. Apparemment sauf Pénélope, consolée par sa haine pour son frère.

Dans une lettre qu'elle m'avait adressée, Pénélope disait combien elle regrettait le mal qu'elle m'avait fait.

Pour l'heure, j'étais décidé à regarder vers l'avenir. J'avais à peine 16 ans et partais pour Le Puy-en-Velay en Auvergne écrire une nouvelle page de vie.

J'étais encore dans le train que déjà je tombais amoureux de la région. J'étais totalement sous le charme de ce paysage de montagnes et de verts pâturages et déjà, j'imaginais sans peine comme il serait agréable et apaisant de vivre ici.

C'est Georges, éducateur au centre équestre dans lequel je devais séjourner qui m'accueillit à la gare. Une fois arrivé au centre, il me fit visiter les lieux. Le centre bénéficiait d'un superbe environnement. Il y avait là une quinzaine de chevaux, et quelques poneys. Le centre était mixte, cinq filles et sept garçons avec moi. L'endroit me paraissait idéal pour se reconstruire.

Je trouvais cependant que le personnel encadrant était un peu réduit. Georges était apparemment le seul éducateur. Claudine, son épouse, était la directrice. En plus du couple, deux femmes étaient chargées des tâches ménagères. Je fus présenté à Paul, l'instructeur équestre. Je remarquai aussitôt combien il était apprécié des pensionnaires. Je partageais une chambre avec Mathieu, un adolescent plutôt sympathique.

Si l'accueil avait été chaleureux, je fus frappé, quand vint l'heure du repas, par l'ambiance qui régnait au réfectoire. Le silence était pesant, les uns et les autres parlant à peine et je pouvais lire sur le visage de chacun des pensionnaires tristesse et mécontentement.

Après le repas, tandis que nous regagnions nos chambres et que je m'interrogeais sur les raisons de cette étrange atmosphère, Claudine, la directrice, m'interpella :

— Content d'être parmi nous ?

— Oui, très !

— Parfait. Je dois maintenant te parler de notre règlement intérieur.

Et elle égraina les consignes. Lever 7 heures, une demi-heure pour le petit déjeuner, 8 heures : départ pour l'écurie, une heure de monte le matin et deux heures de balade à cheval l'après-midi. À 18 heures, fin de la journée, douche et préparation pour le dîner. Interdiction de regagner sa chambre pendant la journée. En cas de maladie, dispense de cheval. Les amourettes entre garçons et filles du centre sont proscrites. Le samedi, après notre journée de travail, l'éducateur nous conduit en ville où nous pouvons nous « divertir ».

— En ce qui te concerne, ta formation débutera par le nettoyage des boxes. Et lorsque nous jugerons que tu es prêt, tu passeras devant un jury pour valider tes diplômes.

Je trouvais ce règlement pour le moins rigide et ne pus m'empêcher de l'exprimer.

— Je vais sans doute vous offenser, madame, mais je trouve votre règlement excessif. En venant ici, je ne m'attendais pas à autant de sévérité. Il me semble qu'à l'âge que nous avons, mes camarades et moi, nous devrions disposer d'un peu plus de liberté et souffrir moins de contraintes.

— C'est le prix à payer si tu veux un jour avoir un métier, lança sèchement Claudine. Si notre règlement ne te convient pas, libre à toi de partir.

À présent, je comprenais l'attitude des autres pensionnaires. Tous étaient manifestement entamés par la fatigue et les lourdes contraintes du centre. À dire vrai, je fus tenté ce soir-là de quitter immédiatement le centre. Mais le cadre, les chevaux et l'opportunité de décrocher un diplôme me firent renoncer à ce projet. Et à bien y réfléchir, à côté des souffrances endurées depuis mon enfance, les conditions de vie du centre ne semblaient pas si insurmontables ! De plus, Catherine m'avait appris à écouter mon instinct. Si mes pas m'avaient conduit jusqu'ici, c'était sans doute pour une bonne raison, raison que j'ignorais encore mais que je ressentais déjà comme un chaleureux présage qui dorlotait mon âme.

Je découvrais avec bonheur le monde du cheval, je progressais rapidement. Cependant, la vie au centre s'avérait pénible. Tous, nous souffrions du manque de repos, du froid, de ces longues journées de travail qui absorbaient toute notre énergie. Nous retrouvions seulement notre joie de vivre lorsqu'à cheval nous partions sur les hauteurs de la Loire. Ces balades étaient l'occasion de moments de détente, où nous nous laissions aller à rire et à échanger autour de notre passion commune.

Mais malheureusement, ces moments demeuraient trop brefs et certains d'entre nous fuirent le centre, préférant renoncer à leur apprentissage pour un ailleurs plus clément.

Au cours du premier trimestre, six pensionnaires avaient quitté les lieux, remplacés presque aussitôt par de nouveaux. Pour ma part, deux choses me faisaient résister à la pénibilité de cette vie au centre : l'obtention de mon diplôme et cette prémonition, que tôt ou tard, je vivrais dans ce lieu quelque chose de merveilleux.

Et ce présage enfin prit forme. Une forme humaine, sous les traits de Marina, adolescente de 17 ans, autant fougueuse que réservée et tout juste arrivée au centre. Dès qu'elle m'apparut, elle parvint à m'éblouir tel un rayon de soleil. Je tombai immédiatement sous le charme de son teint clair de lune et de ses yeux turquoise. En sa présence, j'éprouvai un sentiment de bien-être unique et je compris très vite que je l'attirais autant qu'elle m'attirait.

Dès lors, la vie au centre me parut plus douce. Chaque jour, Marina et moi devenions un peu plus complices. Cependant, nos sentiments à l'égard de l'un et de l'autre grandissant, nous souffrions de devoir nous plier aux consignes du centre en tenant au secret notre amour. Nous voulions laisser libre cours à nos envies. Mais pour cela, il fallait transgresser le règlement et prendre quelques risques. Nous étions l'un et l'autre prêts à payer le prix de notre liberté.

Heureusement, nous pouvions compter sur la complicité de Paul, notre instructeur que tous, nous appréciions pour sa gentillesse.

Au cours d'une balade, tandis que Paul nous avait laissés seuls afin que nous profitions d'un moment d'intimité, Marina m'interrogea :

— Que penses-tu réellement de moi ?

Nous étions étendus au bord d'un lac. Marina avait posé sa tête sur mon torse et songeur, je regardais un couple de cygnes nageant fièrement sur les eaux. Après un temps, je dis :

— Tu as donné à ma vie une nouvelle dimension. Tu as réchauffé mon cœur, tu m'as redonné espoir. Tu es tout pour moi.

Se redressant, elle me regarda droit dans les yeux :

— Je ne sais rien de toi, de ton passé. Certains disent de toi que tu es étrange. Moi j'aime cette étrangeté, celle que je vois dans ton regard. Elle m'attire. Qui que tu sois, je t'aime.

Sans savoir rien de moi ou presque, Marina comprenait, ressentait et sa clairvoyance et son instinct m'enchantaient. Il était trop tôt encore pour me raconter. Pour l'instant, il m'importait seulement d'être aimé tel que j'étais. Et nous avions encore tant à vivre et à partager. Un jour viendrait où je me dévoilerai.

Avec Marina, je découvrais l'amour et son infinité. Et tout en l'embrassant, j'espérais qu'elle fut la femme de ma vie.

Pour nous protéger et faire face à la dureté de notre existence au centre, nous avions jeté un voile sur notre quotidien en vivant pleinement notre histoire d'amour. Animés par la même passion, nous nous étions promis de tenir bon jusqu'au diplôme. Nous étions conscients des risques que nous prenions, mais d'autres les avaient pris avant nous et il nous était impossible de résister à la tentation d'être ensemble. Dans cette prison dorée qu'était le centre, où nous étions déconsidérés et exploités, nous aimer était notre bulle d'oxygène.

Bien sûr, Père me manquait. Travaillant à l'étranger, il lui était difficile de me rendre visite. J'aurais tellement aimé qu'il fasse la connaissance de Marina. Mais à vrai dire, je ne tenais pas à ce qu'il la rencontre ici, dans ce lieu qui m'était si hostile. Lorsque nous nous parlions au téléphone, je ne disais rien des conditions dans lesquelles je vivais. J'étais désireux de m'en sortir seul, la tête haute et je ne souhaitais surtout pas causer le moindre souci à Père. Bien que cette expérience fût éprouvante sous bien des aspects, je savais qu'elle me fortifiait. Et puis j'avais la chance d'aimer et d'être aimé.

Deux ans ont passé si vite. Je venais d'avoir 18 ans et Marina, 19 ans. Nous étions en dernière année d'apprentissage. Notre complicité était telle qu'il nous suffisait d'un regard pour nous comprendre. Nous passions de plus en plus de temps ensemble, et nos entorses au règlement ne se comptaient plus. Dès que l'occasion se présentait, nous faisions l'amour à l'abri des regards indiscrets. Faire l'amour en toute innocence nous procurait une émotion sans pareille. Nous touchions l'infini, valsant au cœur même de l'univers, nos âmes et nos corps en fusion frissonnaient.

Depuis quelque temps, nous dormions ensemble, dans la même chambre, permettant ainsi à nos sentiments de s'exprimer librement.

Malheureusement, un soir d'hiver, tandis que nous échangions un baiser à la hâte dans un couloir du centre, nous fûmes surpris par Georges.

— Je savais que je finirais par vous prendre ! Vous avez violé le règlement, vous êtes renvoyés. Allez préparer vos affaires. Vous partirez demain.

Ce moment devait arriver, Marina et moi le savions depuis toujours. Et toujours, nous avions préféré courir le risque d'être renvoyé plutôt que de contraindre notre amour à l'emprisonnement.

Considérant que je n'avais plus rien à perdre, j'exprimais sans retenue ce que depuis longtemps j'avais sur le cœur :

— Vous savez faire les jolis cœurs devant les juges pour enfants. Pour cela, vous êtes très fort. Mais en vérité, votre femme et vous-même êtes payés à ne rien faire. Et je ne suis pas sûr que l'État apprécierait vos méthodes et votre règlement intérieur ! Et si certains d'entre nous sortent d'ici avec un diplôme en poche, ce n'est sûrement pas à vous qu'ils le doivent mais à leur seul mérite.

— Tais-toi ! Et file dans ta chambre, lança-t-il avant de disparaître.

Nous devions nous faire une raison. Nous repartirions d'ici sans diplôme. Immanquablement, nous allions décevoir nos familles. Et pourquoi ne pas envisager de passer ce diplôme ailleurs, dans un autre établissement ? Grâce à Paul, notre instructeur, nous avions désormais de solides acquis. Marina partageait mon avis. Il fallait aller de l'avant et composer avec les évènements. Nous nous apprêtions à remonter dans nos chambres quand Claudine nous convoqua dans son bureau.

— Mais enfin ! Qu'est-ce qu'il vous est passé par la tête ? nous demanda-t-elle. Vous saviez bien que les flirts sont interdits ici ! Pourquoi avoir enfreint le règlement ? À quelques mois de votre examen !

— Nous nous aimons madame, voilà tout, répondis-je.

Elle enchaîna aussitôt :

— Paul m'a dit le plus grand bien à votre sujet. Marina et toi seriez d'après lui promis à un bel avenir dans le milieu équestre. Pour cette raison, j'ai décidé de vous donner une chance de décrocher votre diplôme. Sachez que ce n'est pas dans l'habitude de la maison de revenir sur les sanctions. Mais j'accepte que Marina et toi poursuiviez votre formation. À une condition, Harris. Que tu ailles dormir dans l'une des chambres aménagées au le grenier.

— Au grenier ? m'exclamai-je.

— Je serai rassurée de savoir que tu dors juste au-dessus de ma tête, lâcha-t-elle d'un ton sarcastique. C'est à prendre ou à laisser.

Je n'hésitai pas une seconde :

— Je prends !

— Parfait ! Eh bien, bonne nuit.

L'idée de dormir au grenier ne m'enchantait pas. D'autant que nous ne pourrions plus Marina et moi partager le même lit avant longtemps. Mais une nouvelle chance d'obtenir notre diplôme nous était donnée, il fallait la saisir, même si je n'étais pas dupe quant au revirement de Claudine. Elle avait sans doute entendu les propos échangés avec Georges, et en effaçant la sanction, elle achetait mon silence.

Si le grenier était bien aménagé, il était toutefois incroyablement sinistre. Il ne comportait aucune fenêtre et l'idée de devoir passer de longues semaines dans cet endroit totalement fermé sur l'extérieur m'était insupportable. Durant cette première nuit, j'inspectais le lieu, furetant le moindre recoin à la recherche d'une fenêtre. J'étais soudain habité par le doute. N'avais-je pas accepté un peu trop hâtivement la proposition de Claudine ? Devais-je écouter ma première intuition et quitter au plus vite ce centre ? Dans ce grenier sans fenêtre, loin de Marina, je me sentais définitivement prisonnier, mis en quarantaine, contraint de retenir mon souffle.

Je m'endormis, en proie aux doutes. À l'aube, je me réveillai et repris immédiatement mes recherches. Mon obstination fut payante. Dissimulée derrière une grosse armoire, je découvris une fenêtre ! Mon cœur fit des bonds dans ma poitrine. Je ne pensais pas que la découverte d'une fenêtre puisse me mettre à ce point en joie. Bien que petite, c'était une ouverture sur le monde, comme un léger parfum de liberté. Cependant, elle était munie de barreaux. Mais suffisamment fins pour être sciés facilement. La paroi du mur extérieur offrait a priori de bonnes prises pour l'escalade et déjà j'envisageais des escapades nocturnes et rêvais aux prochaines nuits que je pourrais de nouveau partager avec Marina.

Bien sûr, j'aurais pu choisir de quitter pour de bon le centre, mais continuer à enfreindre ses règles me procurait un certain plaisir et pimentait mon séjour ici.

Je repensais aux paroles de Catherine : toujours s'en remettre au destin et ne pas rougir de nos actes s'ils nous semblent justifiés.

Dans la matinée, je trouvai dans la grange une petite scie. Après ma journée de travail, de retour dans le grenier, je mis mes plans à exécution. Scier les barreaux s'avéra un jeu d'enfant tout autant qu'escalader le mur. Georges, trop occupé à jouer les cébistes comme à son habitude, ne remarqua rien de ma tentative d'évasion. Car il s'agissait là seulement d'un entraînement. La répétition de mes futures escapades au clair de lune.

Dès lors, je pus rejoindre Marina toutes les nuits et cette liberté retrouvée donnait une nouvelle intensité à nos étreintes. Forts de notre secret et fiers de braver une fois encore les interdits, nous nous sentions pousser des ailes et brûlions de toucher le bout du monde. Certains soirs, nous allions jusqu'en ville goûter aux quelques réjouissances citadines. Dîner au restaurant, grâce à l'argent de poche envoyé par nos familles, restait notre distraction préférée. Enfin, nous étions de jeunes gens comme les autres et nous savourions chaque instant de cette liberté injustement spoliée.

Jamais, lors de mes escapades, je ne fus gêné par la présence des deux bergers allemands, Rex et Max, pourtant censés monter la garde. Ils me laissaient m'évader chaque nuit comme s'ils avaient perçu les motifs de ma fuite. Leur comportement à mon égard était comme un encouragement à partir rejoindre Marina.

Claudine et Georges avaient radicalement changé de comportement à notre égard. Je n'étais pas dupe et savais pertinemment que ce changement faisait suite à l'altercation que j'avais eue avec Georges. La gentillesse qu'affichaient désormais Georges et sa femme à notre encontre n'était dictée que par la peur. Face à cette nouvelle sympathie et aux traitements de faveur dont Marina et moi bénéficions désormais, je gardais la tête froide. Tout cela n'était que supercherie, et j'envisageais tout ce que Georges et Claudine devaient avoir à cacher pour déployer tant d'efforts pour nous endormir.

Si je souhaitais continuer à être considéré comme mes autres camarades et rejetais toute tentative de favoritisme, Marina, en revanche, s'était laissé séduire par le couple et profitait pleinement de ses passe-droits. Loin de la condamner, je comprenais qu'elle refusât de renoncer à cette liberté nouvelle. Son bien-être était pour moi une priorité. Pour ma part, je ne cédais pas aux sirènes, gardais ma ligne de conduite et restais fidèle à mes compagnons.

Cependant, Claudine semblait réellement attachée à Marina. Elle se comportait avec elle comme une mère, la couvant même un peu trop à mon goût. Et je commençais à craindre que Marina soit sous son emprise et se laisse aveugler définitivement par les excès de zèle et de tendresse de Claudine.

Notre séjour au centre touchait à sa fin. Nous nous rendîmes à Clermont-Ferrand pour passer l'examen et décrochâmes brillamment notre diplôme.

C'est donc diplôme en poche qu'enfin nous allions quitter ce sinistre lieu.

Je pensais à mon père et à la joie de nos retrouvailles, et la fierté de me voir diplômé effacerait sans doute la douleur d'avoir été séparés aussi longtemps.

Une dernière fois, je franchis la fenêtre aux barreaux sciés et rejoignis pour la nuit la femme de ma vie, donnant à cet acte tout le prix de ma liberté.

Au matin, peu avant le départ, je retrouvai Marina en pleurs. Comme je la pressais de questions sur les raisons de sa tristesse, elle m'avoua qu'il lui était impossible de partir avec moi à Paris. Elle voulait rester au centre, où désormais la vie lui était agréable et reprendre ses études.

— Que fuis-tu, Marina ? lui demandais-je alors.

— Ma mère… mon passé…

Elle ne m'avait jamais parlé de sa mère avant ce matin-là. Nous avions vécu si intensément notre histoire qu'elle avait enfoui toutes ces douleurs passées. Mais au moment du départ, ses tourments ressurgissaient, et rejoindre Paris, où se trouvait sa mère, lui paraissait insurmontable.

J'étais fort triste de devoir quitter le centre sans Marina. J'aurais pu envisager de rester auprès d'elle, m'installer moi aussi dans la région et continuer à vivre notre magnifique histoire. Mais je devais partir. Il me fallait rejoindre mon père. J'avais besoin de le retrouver, de vivre à nouveau à ses côtés. Une fois encore, je me rappelais les paroles de Catherine et suivais mon instinct.

— Ce même instinct qui m'a conduit vers toi.

J'encourageai Marina à suivre le sien. Je comprenais et respectais sa décision. J'emportais avec moi une infinité de souvenirs et la connaissance de l'amour absolu. Je la remerciais de m'avoir aimé comme elle m'avait aimé. Elle m'accompagnerait partout et toujours.

— Je me sens si coupable de te trahir ainsi, murmura Marina. Mais j'ai tant de souffrances, tant de douleurs à apaiser qu'il me semble qu'une éternité ne suffirait pas. J'ai espoir de retrouver un jour les bras de ma mère. Pardonne-moi de mettre en péril notre amour au moment même où nous pouvions le vivre pleinement.

— Tu feras front, lui dis-je. Je sais ton courage. Tôt ou tard, tu trouveras la force spirituelle et la paix intérieure. Pour ma part, j'emporte ton amour et nos souvenirs.

— Qui sait ? Le destin, un jour, nous fera peut-être nous rencontrer encore. J'aurais aimé avoir le temps de percer tes mystères, de découvrir cette autre vie qui est la tienne, partager avec toi cette dimension spirituelle à laquelle tu sembles si attaché.

Je partis sans dire au revoir à la direction. Le dernier baiser échangé avec Marina n'avait pas été celui d'un adieu mais symbolisait bel et bien la victoire de notre amour. J'espérais plus que tout la retrouver un jour, enfin libérée de son passé.

En retrouvant mon père, je sus que j'avais eu raison de suivre mon instinct. Il n'avait pas changé au cours de ces deux dernières années et son regard était toujours chargé de ce tendre amour qu'il me portait. Les liens qui nous unissaient avaient résisté au temps, et entre nous, les mots s'avéraient inutiles tant nous savions déceler et ressentir les émotions de l'un et de l'autre.

Il me restait encore deux années à passer sous la tutelle de l'état. Je décidais de rester auprès de Père.

N'ayant plus de contact avec sa sœur depuis les évènements dont j'avais été victime, il habitait seul dans un studio à Paris. Je décidai de rester auprès de lui. Désormais diplômé, il me fallait penser à construire mon avenir professionnel. Il me restait encore deux années à passer sous la tutelle de l'État. On m'orienta vers un centre éducatif pour jeunes travailleurs.

Tout à ma joie d'avoir retrouvé Père et d'être enfin libre, je prenais le chemin du centre éducatif. En route, je me laissais aller à la rêverie. Mon avenir se dessinait, partagé entre deux mondes, riche d'aventures et de mystères.

J'arrivai au centre dans la soirée. C'est Alain, le veilleur de nuit qui m'accueillit. Il me fit patienter dans la salle d'attente où rapidement je fus rejoint par un homme d'une quarantaine d'années, souriant et à l'allure sportive :

— Bonjour, je m'appelle Marc et je suis éducateur. Si tu veux bien, on va passer dans mon bureau pour discuter.

Il me mit immédiatement à l'aise en me proposant de le tutoyer.

— Nous sommes une dizaine à travailler ici. Sache que chacun de nous fera son possible pour que tu te sentes bien au centre et pour faciliter ta recherche d'emploi. J'ai noté que tu souhaitais devenir agent équestre, c'est ça ?

J'acquiesçais.

— C'est un beau métier… Depuis que je travaille ici, j'ai bien dû m'occuper d'une bonne centaine de jeunes et ma foi, je crois que tu es le premier à postuler cet emploi.

En quelques mots, il m'expliqua le fonctionnement du centre, et comment serait répartie l'aide mensuelle que me consentait l'État. Une partie pour le loyer, une autre pour mes besoins personnels. J'étais nourri matin et soir et surtout totalement libre de mes mouvements ! Je pouvais aller et venir comme bon me semblait et il me serait possible de rejoindre mon père un week-end sur deux. J'en avais bel et bien fini avec l'enfer du centre équestre.

Enfin, Marc me conduisit jusqu'à ma chambre. Le centre était une imposante bâtisse à l'atmosphère plutôt plaisante.

Dans ce lieu nouveau et prometteur, je me sentais poussé vers ma bonne étoile, mes espérances devenaient certitudes. J'étais porté par l'énergie du bonheur.

Le lendemain matin, en descendant au réfectoire, je fus surpris de découvrir l'effervescence du lieu. Partout, de jeunes gens allaient et venaient et l'ambiance qui régnait finit de me rassurer sur le centre. Ici, tout le monde était empreint d'une belle joie de vivre. Pour la première fois depuis longtemps, je pus prendre mon petit déjeuner, en toute convivialité, sans craindre quelque regard hostile épiant mes faits et gestes. J'étais libre, animé d'un profond sentiment de bien-être. J'eus alors une pensée pour mes camarades d'infortune, tous ceux que j'avais croisés au centre équestre. Il nous avait fallu bien du courage pour supporter les contraintes, la privation de liberté, l'exploitation… Non seulement nous avions su braver l'hostilité de notre environnement mais en plus, pour la plupart, nous avions réussi à aller jusqu'au bout de nos ambitions et grâce à notre mérite sortir triomphants de cette épreuve. Marina me manquait beaucoup. Tout autant que ma quête spirituelle et ma réussite professionnelle, la revoir faisait partie de mes objectifs.

Les gens vont et viennent dans nos vies. Certains nous marquent plus que d'autres et quand ils viennent à disparaître, nous les gardons gravés dans nos cœurs. L'existence est une valse de rencontres et en terminant mon petit déjeuner au réfectoire ce matin-là je me dis que ce centre était un endroit propice aux nouvelles rencontres.

Marc, mon éducateur m'attendait déjà.

— Comment vas-tu ? Tu te sens d'attaque pour cette première journée ?

— Je me sens fort comme un lion ! Le travail sur le terrain c'est ma devise, m'exclamai-je.

— Eh bien, mettons tout ça en pratique et ouvre bien tes yeux !

Il me conduisit dans une grande salle totalement équipée d'ordinateurs.

— Internet, journaux, offres d'emploi de dernière minute… Tout est à ta disposition. Maintenant à toi de jouer !

Je me mis immédiatement au travail avec l'espoir, peut-être un peu enfantin, de trouver rapidement un poste d'agent équestre. Malheureusement, cette première matinée de recherche ne fut pas concluante. Ni celles qui suivirent. En revanche, Marc et moi éprouvions au fil du temps une grande affection l'un pour l'autre. Il possédait de grandes qualités humaines et un vrai talent pour encourager et rassurer chacun de nous. Tous les jeunes semblaient d'ailleurs fort attachés à lui et bizarrement bien plus qu'à leurs éducateurs assignés. Pour ma part, je mesurais toute la chance que j'avais d'avoir Marc à mes côtés. Bien plus qu'un éducateur, je le considérais comme un ami cher à qui l'on peut se confier.

Trois mois ont passé dans ce centre, je découvrais à quel point trouver un emploi était difficile. Toutes mes recherches étaient restées vaines et ce combat que chaque jour je menais pour décrocher un travail me semblait désormais aussi ardu et pénible que celui qu'enfant j'avais engagé avec les mauvais esprits.

Un matin, tandis que j'étais assis dans les escaliers, pensif, Marc vint à ma rencontre.

— Eh bien, mon garçon, que fais-tu assis là tout seul ?

— Depuis que je suis ici, j'ai consacré tout mon temps à la recherche d'emploi. Je me rends compte que je ne connais pratiquement personne ici. Il est peut-être temps de réduire la cadence… De me mêler aux autres, de sortir…

— Tu as parfaitement raison. Le temps est venu pour toi de faire un break. Jusqu'à maintenant, je t'ai laissé faire. Je ne voulais pas te stopper en plein élan. J'admire ta motivation et ton courage. Chercher un emploi peut s'avérer à la longue fort épuisant. Et bon nombre de jeunes ici ont jeté l'éponge. Mais je ne m'inquiète pas pour toi, je sais que tu es différent. Sache que je serai toujours auprès de toi pour t'encourager et te soutenir.

Les paroles de Marc me touchèrent au cœur. Je ne m'étais pas trompé à son sujet. C'était un homme fort estimable, une de ces belles rencontres que nous offre la vie.

Regonflé par cette conversation, je décidais d'aller au-devant des autres et de me faire de nouveaux amis.

J'avais tiré un nouvel enseignement de la vie. Nous ne pouvons pas seulement nous contenter de nos richesses intérieures. Notre âme a besoin de se nourrir d'affection et de partage. L'autre est source d'émotion. Et c'est dans les échanges que nous nous grandissons, en nous enrichissant des valeurs que sont l'amitié et l'amour.

Je m'extirpais de ma solitude et me liais aux uns et aux autres. Et ce changement de comportement eut les meilleurs effets. Je retrouvais moral et joie de vivre. Je réalisais combien l'humain m'avait manqué durant ces dernières semaines.

Intérieurement, je m'élevais spirituellement. Chacun des évènements vécus depuis mon enfance, heureux ou douloureux, m'avait grandi. J'avançais dans ma quête tirant profit de tout ce qui avait jalonné mon parcours jusqu'à aujourd'hui. Il me restait encore beaucoup à découvrir sur les mystères de la vie, je le savais. Mais mon chemin se dessinait, chaque jour plus nettement.

Conscient de ma richesse intérieure, heureux enfin de partager et d'échanger, je profitais pleinement de mes week-ends avec Père.

Mais, tandis que je m'investissais socialement dans la vie du centre, je découvris certaines facettes du lieu qui, jusque-là solitaire et rêveur, m'avaient échappé.

Après le départ des éducateurs, à la tombée de la nuit, le centre se transformait en un haut lieu de délinquance. Drogue, racket, violence… Une fois la nuit tombée, la loi du plus fort régnait ici en maître. Peu à peu, je compris que les acteurs de cette violence nocturne étaient essentiellement des résidents dépendant, comme moi, de l'État alors que ceux qui n'en dépendaient pas semblaient tout à fait étrangers à la chose et vivaient sainement au sein du centre.

J'étais vraiment horrifié par cette découverte. Une fois de plus, j'étais au cœur d'une sordide histoire.

Je ne comprenais pas comment un lieu aussi vaste ne fut surveillé la nuit que par un seul veilleur de nuit. Je me questionnais sur le rôle du directeur et de certains éducateurs. Savaient-ils ? Fermaient-ils les yeux sur les agissements des résidents ? Par peur ? Lâcheté ? Je voulais en avoir le cœur net et un matin, je décidai d'en parler à Marc.

Je lui fis part de mes découvertes et de l'inquiétude que je pouvais ressentir à l'égard de certains résidents victimes de violences diverses.

— Je suis conscient de cette détresse au sein du centre, avoua Marc. À maintes reprises, j'ai essayé d'en parler à la direction ainsi qu'à mes collègues. Mais j'ai l'impression que tout le monde s'en fout. Même en réunion, je ne peux pas aborder le sujet. Pour tout te dire, j'ai même pensé quitter l'établissement. Je ne l'ai pas fait par affection pour certains qui méritent de s'en sortir. Comme toi, Harris.

Le désarroi de Marc était palpable. Je le rassurai immédiatement sur ses compétences.

— Vous êtes très différent des autres éducateurs. La plupart ici sont plus occupés à faire la fête qu'à prendre en considération le sort des résidents. C'est pour cette raison d'ailleurs que beaucoup de jeunes se tournent vers vous. Pour tous, vous êtes un vrai soutien.

Je le questionnai sur le directeur.

— Est-il au courant de ce qui se passe dans son établissement ?

— Depuis un an, il nous promet d'engager des éducateurs supplémentaires pour renforcer l'encadrement. Mais ce sont des promesses en l'air, des foutaises ! Il ne fait rien.

— Et prévenir les autorités ? Ses supérieurs ?

— J'y ai pensé, évidemment. Mais aucun des jeunes ne veut porter plainte, ni même parler des violences dont ils sont victimes. Sans preuve, il est difficile de faire avancer les choses. Mais je ne veux pas baisser les bras. Tôt ou tard, je parviendrai à convaincre certains de témoigner de leurs souffrances devant les autorités.

— Mon instinct me dit que le directeur a sans doute des choses à cacher. Des faits peut-être bien plus graves encore que ceux que nous connaissons.

Devant l'air interrogateur de Marc, je poursuivais :

— Vous avez vu mon dossier, vous savez d'où je viens. Le centre équestre où je vivais avant était un de ces lieux que je qualifierai de foutoir. Détournement de fonds, liberté bafouée, exploitation… Si je ne suis pas parti, c'est par amour pour une jeune femme et par passion pour les chevaux. Là-bas, j'ai vécu bon nombre d'humiliations et c'est à force de courage et de détermination que j'ai pu aller au bout de cette expérience et préserver ma dignité.

— C'est une chance que tu aies rencontré cette fille. Ton amour pour elle ainsi que ton goût pour les chevaux, c'est certain, sont pour beaucoup, dans ta réussite. Aujourd'hui, mon rôle d'éducateur est de faire en sorte que tu poursuives tes objectifs.

— Merci Marc. Une chance de vous avoir comme ami. Et si la femme que j'aime n'est plus à mes côtés aujourd'hui, je porte en moi son souvenir et mes secrets de la vie. Et je ne perds pas espoir de la retrouver un jour pour qu'ensemble nous redonnions vie à notre bel amour de jeunesse.

— C'est tout ce que je te souhaite, Harris. Mais à présent, il faut avancer. Concernant l'établissement, je pense que ton instinct est juste. Cependant, tu dois rester concentré sur tes objectifs. Le reste c'est mon affaire. Tu sais ce qu'est devenu le centre équestre ?

— Je crois savoir qu'il fait l'objet d'une enquête. Des sanctions qui pèsent terriblement contre cet établissement. La sentence sera radicale.

— Une bonne nouvelle, dorénavant tout cela est derrière toi. Allez, passe une bonne journée, Harris.

Cette conversation avait généré en moi une certaine confusion. Je m'interrogeais sur la véritable personnalité du directeur. Qui était cet homme, pourquoi fuirait-il ses responsabilités devant ce chaos qui régnait dans son établissement ? De toute évidence, son attitude n'avait rien de moral ni de rationnel.

Jusqu'ici, je n'avais fait que le croiser de temps à autre dans les couloirs. Mais les propos de Marc avaient éveillé ma curiosité. Je voulais en savoir davantage sur cet individu. La raison aurait voulu, comme me l'avait conseillé mon éducateur, que je me tienne à l'écart et me concentre sur mon avenir. Mais comment rester indifférent à cette violence ? Après ces années passées au centre équestre, un fort sentiment de révolte et de rébellion face à l'injustice m'animait. Et plus que jamais j'avais fait du respect des autres et du triomphe des valeurs humaines ma priorité. Je voulais le bonheur de mes camarades, donner le meilleur de moi-même dans notre devoir. Je devais me battre pour l'esprit de camaraderie.

Et tandis que je cherchais le moyen d'en apprendre plus sur M. Dubois, le directeur, l'occasion de le percer à jour me fut donnée moins d'une semaine après ma conversation avec Marc.

Un soir que je dînais seul au réfectoire, à l'approche de la fermeture, M. Dubois, sans même se présenter, vint s'asseoir à ma table.

— Tu sais qu'on me dit de très bonnes choses à ton sujet ? Talent, compassion… Bravo. Continue comme ça.

— La compassion c'est assez naturel chez moi.

— Ne sois pas choqué par ce que je vais te dire, mais je te trouve très mignon. Tu as un cou magnifique…

J'étais abasourdi. Mais aussitôt, la colère prit le pas sur la surprise. Je plantai mon regard dans le sien et sans ciller, je lâchai :

— Comment pouvez-vous me parler de la sorte, vous, l'autorité d'un établissement de jeunesse ? Votre attitude est immorale. C'est la première et dernière fois que nous nous adressons la parole. Je n'ai plus rien à vous dire.

Furieux, je me levai, prêt à quitter au plus vite le réfectoire. Il me retint en me saisissant fortement le poignet et avant même que j'aie pu me dégager, menaçant, il me dit :

— Ici, c'est moi qui commande. S'il me prend l'envie de te convoquer dans mon bureau, c'est mon droit. Ce n'est pas toi qui dicteras ta loi.

— Vous ne savez rien de moi. Vous risquez d'être surpris.

Je quittais les lieux en proie à la colère autant qu'à la déception.

J'aurais tellement aimé me tromper sur son compte. Malheureusement, cet évènement venait conforter mes premières intuitions. Ce M. Dubois était un personnage plus que douteux. Il sentait l'alcool. Son regard était froid, n'exprimant aucune émotion.

Rien de chaleureux ni de rassurant n'émanait de sa personne. Mais surtout, que penser des propos qu'il m'avait tenus ? Cette remarque sur mon cou… De toute évidence, il était homosexuel. C'était son droit. Mais je frémissais à l'idée de découvrir d'autres penchants relevant du sordide. La pédophilie…

Je voulais en avoir le cœur net. Et le meilleur moyen était de recueillir, dans la plus grande discrétion, les confidences de mes camarades.

Je ne dis rien de cet incident à Marc, et gardais pour moi mes réflexions.

Dans les semaines qui suivirent, je partageais mon temps entre mes recherches d'emploi, le jour, et mes camarades, le soir. De belles amitiés s'étaient nouées entre nous, toutes de sincérité et de complicité.

Certains étaient résidents au centre depuis plusieurs années et c'est auprès d'eux que j'en appris un peu plus sur le directeur. Comme je l'avais supposé, il était homo, et si aucun de nous ne trouvait à y redire, nous étions tous, en revanche, furieux contre sa façon de diriger le centre et pensions qu'il n'était pas digne d'occuper son poste.

Un soir, tandis que nous discutions de notre mode de vie au sein de l'établissement, nous abordâmes la question financière. Et quelle ne fut pas ma surprise quand, au fil de la conversation, je compris que je percevais plus de 200 euros de plus que les autres chaque mois. Comment expliquer cette différence autrement que par une erreur de la comptabilité, ou pire… une escroquerie ? Apparemment, j'étais le seul résident à ne pas dépendre de la comptabilité de l'établissement. Ce soir-là, ébahi par cette découverte, j'apprenais que j'étais le seul à percevoir chaque mois un mandat cash provenant directement de mon éducateur. Grâce à cela, je pouvais vivre aisément au sein du centre, contrairement à mes camarades qui chaque mois ne percevaient que de maigres revenus.

Manifestement, la comptabilité de cet établissement était plus que suspecte. Et en découvrant cette aberration, les réactions des résidents ne se firent pas attendre. Si certains, anesthésiés par la drogue, ne s'insurgèrent pas, la plupart, en revanche, réclamaient des explications et demandaient réparation face à cette injustice.

Dès le lendemain matin, je m'entretenais avec Marc.

Je lui racontais par le menu la discussion que j'avais eue avec mes camarades et l'incroyable découverte que nous avions faite concernant la disparité de nos revenus.

— Pourquoi suis-je le seul à percevoir un mandat cash ? Pourquoi les autres dépendent-ils de la comptabilité du centre ? Et cette différence de revenus, qu'est-ce que ça cache ? Une erreur ? Une escroquerie ? Ai-je, moi, un traitement de faveur ?

Marc m'écoutait l'air atterré :

— Mais bon sang ! Comment n'ai-je pas ouvert les yeux avant ? La somme que tu perçois est celle que tout le monde ici devrait percevoir ! C'est sur ordre du juge que chaque mois je te remettais un mandat cash et gère la répartition entre ton loyer et tes besoins. Au début, j'en ai été étonné. Ce n'est pas une méthode de gestion habituelle. Mais j'ai fait mon travail en faisant ce qui m'était demandé. Malheureusement, tout ce qui transite par la comptabilité de l'établissement ne relève pas de ma responsabilité. Je ne suis qu'un éducateur, pas un comptable. Je ne pense pas que tu aies un régime de faveur, je pense plutôt que tu es passé à travers les mailles du filet de l'administration.

En écoutant Marc, je me souvenais alors que j'avais fait moi-même la demande au juge de percevoir directement mon argent. Je le pouvais puisque j'étais majeur. Échaudé par mon expérience au centre équestre et conseillé par une ancienne éducatrice, j'avais fait en sorte de ne plus être floué.

— Mais pourquoi les autres n'en ont-ils pas fait la demande ?

— Ils ignoraient sûrement que cela était possible. Je dois référer de tout ceci à la DASS. En attendant, merci Harris. Merci. Sans ton implication et ta perspicacité, le chaos aurait pu régner ici encore bien longtemps.

Nous avions allumé la mèche. Tout allait dépendre désormais de l'enquête de la DASS et de ses conclusions. Nous saurions alors si nos soupçons étaient fondés et si nous étions dans le vrai. Pour ma part, comme toujours j'avais écouté mon instinct et une fois encore je ne doutais pas de son acuité. Nous avions vu juste, j'en étais quasiment certain. Indices, contradictions, preuves parlaient d'eux-mêmes. Nous avions mis le doigt sur une escroquerie dont j'ignorais encore l'importance. Pour le savoir, il faudrait patienter jusqu'à l'issue de l'enquête.

En attendant, chacun de nous était reparti à ses occupations. Mais l'ambiance était tendue et les violences nocturnes avaient redoublé d'intensité.

Comme pour me protéger de cet environnement hostile, je me réfugiais dans la spiritualité. Ainsi tourné vers l'éternité et ses secrets, je reprenais ma respiration et goûtais au plaisir d'une sérénité nouvelle. Cet isolement, bénéfique autant que nécessaire, me fit entrevoir à quel point la vie terrestre peut être éprouvante au regard de la vie spirituelle, si naturelle pour moi depuis l'enfance. Comme une vocation, libératrice et salvatrice.

Cependant, je n'en oubliais pas ma vie en communauté et restais attentif au monde des hommes, celui-là même d'où je venais.

Je savais, compte tenu des regards que me lançait le directeur, que ma présence en ces lieux n'était plus souhaitée. Il était clair que mon séjour au centre touchait à sa fin. Mon seul souhait était de trouver un emploi au plus vite afin de voler de mes propres ailes et de ne plus dépendre de l'État.

En cette fin novembre, je fêtais mon anniversaire. Discrètement, entouré de mes plus chers amis, heureux dans l'âme, car j'étais sur la dernière ligne droite et bientôt libéré de la tutelle de l'État. J'avais 19 ans.

Enfin vint le jour où mes efforts furent couronnés. Je n'avais encore rien signé, mais j'étais convoqué par la brigade équestre de La Courneuve, en banlieue parisienne pour passer le concours d'agent équestre. C'est le sourire aux lèvres que j'accueillis le courrier porteur de la bonne nouvelle. Maintenant, tout dépendait de ma réussite aux épreuves. Et comme si une seule bonne nouvelle ne suffisait pas à auréoler cette journée, dans la matinée, tandis que je cherchais Marc pour lui faire part de ma convocation, j'aperçus des policiers qui pénétraient dans le centre.

— Quelque chose me dit que la présence de ces inspecteurs ne joue pas en faveur de la direction, dis-je en serrant la main de mon éducateur

— C'est la brigade financière. Nous étions sur la bonne piste, Harris ! La direction est accusée de détournement de fonds sociaux. Et le pire, c'est que cette escroquerie dure, paraît-il, depuis des années.

Les policiers présents étaient chargés de la saisie de la comptabilité, des ordinateurs et autres documents. Certains même recueillaient les témoignages des résidents. Et aucun détail n'était négligé. Je me réjouissais de la tournure que prenait la situation. La corruption et l'injustice seraient mises à bas et les responsables condamnés comme il se doit.

— Mais que me vaut ce beau sourire, Harris ? questionna soudain Marc.

En guise de réponse, je lui montrai ma convocation. Après l'avoir lue, il s'exclama :

— Comme je suis heureux pour toi, Harris ! Ton ardeur et ta persévérance ont payé. Prépare bien cet examen, j'ai confiance, je sais que tu vas le décrocher. Allez, au boulot, pas un instant à perdre. De mon côté, je vais faxer ta fiche de liaison à la brigade équestre. Comme tu es encore sous tutelle de l'État, nous devons leur faire savoir que tu es en situation régulière.

— Marc, un mot encore. Que va devenir l'établissement ?

— Ce n'est plus mon problème Harris. Seul le sort des résidents m'a toujours préoccupé. Mon seul regret est de ne pas avoir réagi plus vite. Va maintenant. Je suis fier de toi, ne l'oublie pas.

En le quittant, une fois de plus je mesurais la chance d'avoir à mes côtés un ami tel que lui.

La présence de la police dans l'établissement faisait souffler un vent nouveau sur le centre. La plupart des jeunes se trouvaient apaisés et surtout soulagés de voir que tout se mettait en place pour que leurs droits soient enfin reconnus. Même s'il était encore trop tôt pour avoir une idée de la peine dont les instigateurs du détournement allaient écoper, l'intervention de la brigade financière faisait naître de nouveaux espoirs parmi les résidents.

Tandis que cette journée riche en évènements touchait à sa fin et que je m'apprêtais à me coucher, encore toute à ma joie, on frappa à ma porte. C'était Maxime, un de mes amis, 16 ans à peine et résident du foyer. Il était pâle et tremblant.

— Bonsoir Harris, je peux de parler un instant ? C'est très important.

Je le fis asseoir.

— Qu'est-ce qu'il se passe ? Tu es tout pâle…

— J'ai fait quelque chose d'affreux… J'ai honte…

— Je suis ton ami. Tu peux tout me dire et quoique tu aies fait, parler te soulagera.

D'une voix blanche, chuchotant presque, Maxime me fit le récit suivant :

— Il y a un an, un soir, je rentrais au centre. Il était tard et sur le chemin je rencontrais le directeur. Inquiet de me voir dehors à une heure tardive et comme je n'avais pas encore dîné, il me proposa de venir chez lui me restaurer. Il promit de me raccompagner après au foyer. J'acceptais son invitation, en toute confiance. Une fois chez lui, il me fit visiter les lieux. Il était très fier de sa maison, de sa piscine. Il se comporta de telle façon que très vite je me sentis à l'aise. Après le dîner, il m'offrit un verre de whisky. Il voulait que nous trinquions ensemble en regardant un film. C'était le directeur… Je n'osais pas refuser, même si j'étais un peu troublé par cette façon de faire. Mais au bout de quelques verres, je perdis complètement la maîtrise de la situation. Et le directeur abusa de moi… Je me souviens avoir tenté de résister mais l'alcool avait ramolli mon corps et mon esprit. Dubois me dominait totalement. Au petit matin, une fois dessoûlé, quand je compris ce qui s'était passé, je crus que j'allais mourir de honte. Le directeur acheta mon silence. Après cette nuit, il me donnait régulièrement de l'argent… que j'acceptais… Voilà, Harris, comment j'ai vendu mon âme au diable.

J'étais horrifié par ce que je venais d'entendre. Quel ignoble personnage ! J'avais toujours soupçonné quelque chose de malsain chez Dubois, mais à présent j'étais fixé. Dubois était pédophile.

— Il a tenté de m'approcher aussi, confiai-je à Maxime. Mais je l'ai repoussé. Et depuis ce jour, nous ne nous sommes plus jamais adressé la parole. Il faut que tu te décides à porter plainte. Il risque gros, très gros. La justice ne fait pas de cadeau aux pédophiles. Toi, tu n'es responsable de rien. Tu es tombé dans un piège macabre. Ce soir-là, tu as rencontré le diable. Ce type a profité de ton innocence, de ta jeunesse. Ce n'est pas toi le coupable. Ce n'est pas toi qui dois avoir honte. C'est lui. Personne d'autre que lui.

Le visage de Maxime se détendit, il releva les yeux et me regarda un moment. Il souriait presque.

— Merci, Harris. Je savais que je pouvais me confier à toi. Je savais que tu saurais m'écouter. Je n'ai jamais rien dit de cette histoire à personne. Même pas à mon éducateur référent. C'est un ami de Dubois. Un ami fidèle. Ils ont le même penchant pour l'alcool et la même indifférence face à tout ce qui se passe ici. Il n'aurait rien voulu entendre. C'est sûr… J'irai porter plainte demain. Tu as raison. Ce n'est pas moi le coupable. Dubois doit payer pour ce qu'il a fait. Je lui rendrai mon scooter aussi. Je l'ai acheté avec son sale argent… Merci encore, Harris. Ton soutien n'a pas de prix. Ici, certains te trouvent bizarre, mystérieux, mais moi je sais que ton esprit est bien plus élevé que celui de la plupart d'entre nous.

C'est un Maxime soulagé du poids de la culpabilité que je quittais ce soir-là. Mais je savais qu'il n'en avait pas terminé avec cette histoire. Il porterait longtemps en lui les traces de cette violence. Cette nuit-là ne pouvant trouver le sommeil, je priai pour lui. Je fis le vœu que Maxime, un jour, trouve la paix et embrasse son avenir la tête haute.

Le lendemain matin, avec l'accord de Maxime, je mis Marc dans la confidence. Sans en rendre compte à qui que ce soit, car nous estimions que cette histoire devait rester la plus secrète possible, Marc et Maxime se rendirent au commissariat pour déposer plainte contre Dubois.

Pendant leur absence, j'entrepris de réviser pour le concours. Entre deux leçons, soudain, je me remémorai la prophétie de Catherine. Je ressentais comme jamais encore, la volonté, le désir de voler de mes propres ailes. J'étais tendu vers la promesse de cette vie merveilleuse que Catherine m'avait prédite, enfant. Il me fallait encore patienter quelque temps. Que va-t-il se passer vraiment à 20 ans ? Dans la fleur céleste de l'âme je la sentais venir, bientôt je serais fixé.

Peu après le retour de Marc et Maxime du commissariat, la police venait arrêter Dubois. Il était dans son bureau quand quatre inspecteurs de la brigade des mineurs vinrent lui signifier son arrestation. Il n'opposa aucune résistance. Il avait perdu de sa superbe et à mes yeux n'était plus qu'un homme perdu en pleine forêt et rongé par la honte. Sans doute, durant toutes ces années, s'était-il senti, du fait de ses fonctions, et aveuglé par l'orgueil, au-dessus des lois. Mais désormais le couperet était tombé. Impossible de faire machine arrière. Son avenir s'écrirait désormais entre les barreaux d'une prison. Et lorsque menottes aux poignets il quitta pour toujours l'établissement, je vis sur le visage de Maxime le sourire du triomphe.

Quelques semaines après cet évènement d'ampleur vint le jour tant attendu du concours.

La brigade équestre devait recruter ce jour-là une trentaine de postulants. Or nous étions près de 70 à nous présenter au concours. Nous étions en juillet, la journée était ensoleillée et malgré un programme chargé et de multiples épreuves tant pratiques que théoriques, je me sentais confiant et animé d'une belle humeur. Je me sentais poussé des ailes me surprenant à sourire lorsqu'à cheval je passais devant les juges, chargés de nous évaluer. Sourire est pour moi comme déguster un miel tendre et énergétique face au poison émotionnel qu'est le stress. Réprimer son sourire c'est comme étouffer son âme.

À l'issue de toutes les épreuves, je me dis que finalement le résultat importait moins que le plaisir que j'avais pris à participer au concours.

En fin de journée, vers 18 heures, nous attendions tous les résultats. On nous appela les uns après les autres pour nous faire part du verdict. Mon nom enfin fut prononcé. J'étais reçu au concours ! Je jubilais. La victoire était belle.

Et pour fêter notre réussite, nous fûmes conviés à un repas organisé par les membres du recrutement. Chacun des reçus savourait son bonheur. Et même les recalés, conviés également, passèrent une agréable soirée. Je dansais, festoyais laissant exploser cette joie qui venait couronner la patience et les efforts consentis depuis tant d'années.

Mais en fin de soirée, le chef de la caserne me convoqua dans son bureau. Ma belle humeur se transforma en inquiétude. S'agissait-il d'une simple formalité ? Mon intuition m'invitait à penser le contraire. Le sentiment qui m'habitait et que j'avais appris à déchiffrer avec les années ne laissait rien présager de bon. Je laissai tout de même place au doute et à l'espoir.

J'entrai dans le bureau et questionnai sans attendre le chef :

— Que se passe-t-il, monsieur ? Il y a un problème ?

— Non, rien de grave. J'ai juste besoin de votre pièce d'identité pour établir votre contrat. Je n'ai que votre fiche de liaison.

Soulagé, je lui tendis aussitôt ma carte.

— Mais… c'est une carte de séjour ? Vous n'avez pas la nationalité française ?

— Non, monsieur, je suis grec.

— Mais pour devenir agent équestre, il vous faut absolument être naturalisé ! C'est une obligation. Je m'étonne que personne ne vous en ait informé.

Cette nouvelle me fit l'effet d'un coup de poignard en plein cœur. Il me semblait que mon sang s'était figé. Je ne savais que répondre. Les mots se bousculaient dans ma tête.

— Non… Je ne savais pas… J'ignorais cette condition…

Les larmes me montèrent aux yeux. Le chef compatit :

— Je suis sincèrement désolé pour toi, mais la loi est très stricte à ce sujet. Pour faire ce métier, il faut être français.

La nouvelle était dure à avaler, mais malgré tout, je ne voulais pas baisser les bras. Je ne pouvais pas voir mes efforts ainsi anéantis par de simples formalités. Un bout de papier en somme.

— Je vais entreprendre les démarches dès demain. Ce ne sont que de simples formalités administratives. Pas de quoi, il me semble, remettre en question mon contrat ! Ce poste, je l'ai mérité, non ?

— Sans aucun doute, ce métier est fait pour toi jeune homme, malheureusement ce n'est pas moi qui fais les lois. Un de tes deux parents est-il français ? Car si c'est le cas, ta demande de naturalisation sera quasi immédiate. Dans le cas contraire, le dossier sera plus long à traiter. Parfois, il faut attendre jusqu'à deux à trois ans pour que la demande soit effective…

Je n'en croyais pas mes oreilles. Et la colère fit place aux larmes.

— Si je comprends, ma réussite au concours ne pèse rien sous prétexte que je ne suis pas français !

— La loi est la loi…

— La loi est injuste ! J'ai tout sacrifié pour ce travail. Cette place, je l'ai gagnée. Grâce à mon mérite, à mon implication. Et vous me dites que je vais devoir patienter encore deux ans, peut-être trois parce que la loi est la loi ! Mais il ne s'agit pas de loi, il s'agit de vocation, de rêves d'avenir qui partent en fumée. Je considère cela comme un outrage, une offense faite au courage et à l'obstination. J'ai donné le meilleur de moi-même et on vient barrer ma route à l'instant même où je prenais mon envol.

J'allais sortir du bureau, lorsque le chef se leva :

— Ce que tu dis est vrai. Mais tôt ou tard, j'en suis sûr, tu atteindras ton but.

C'est totalement abattu que je repris le chemin du retour vers le foyer. Mes rêves d'avenir s'effondraient et une fois de plus j'étais confronté aux dures réalités de cette société, qui poussaient bon nombre d'entre nous à prendre des chemins bien éloignés de leurs ambitions premières. Pourquoi fallait-il toujours être contraint à s'adapter à la situation, à accepter un travail précaire ou contraire à nos prédispositions ? Pourquoi survivre quand il s'agit de vivre ? Comment faire face au piège de la routine qui engloutit tous les rêves ? Comment échapper à l'amertume du temps ?

Malgré l'heure tardive, et à ma grande surprise, Marc m'attendait. Nous n'avions pas pour habitude de nous retrouver ainsi au milieu de la nuit. J'étais épuisé mais Marc souhaitait me parler.

— Je sais que tu n'as pas été retenu. Le chef de caserne m'a appelé. Il m'a tout raconté et je crois deviner qu'il a une certaine sympathie pour toi. Il est totalement injuste que tu sois pénalisé ainsi, mais ce n'est que temporaire, Harris. Dès demain, si tu le souhaites, nous constituerons un dossier pour ta naturalisation.

— C'est assez difficile à digérer. La réalité est parfois bien douloureuse. Ce qui me tourmente le plus en fait c'est de devoir à annoncer ça à mon père. Je ne sais pas comment il va prendre. Il sera déçu, c'est sûr. Peut-être ne devrais-je rien dire ?

— Si je t'ai attendu jusqu'à cette heure tardive, c'est que je ne voulais pas que tu t'endormes sur un échec. J'ai une très bonne nouvelle pour toi.

Je fronçais les sourcils, et me redressais, soudain bien moins abattu et très curieux de ce que Marc allait me révéler.

— Ta requête a été entendue par le juge, m'annonça-t-il avec un large sourire. Tu seras bientôt totalement indépendant. Et ça en sera fini pour toi des institutions. Dans 5 mois, tu auras un joli studio en centre-ville et tant que tu n'auras pas atteint l'âge de 21 ans, ton loyer sera pris en charge. Évidemment, avec un travail, tu aurais été complètement à l'abri, car comme tu le sais la prise en charge de l'État ne dure qu'un temps.

— Je le sais. J'ai confiance en mon destin. La preuve. En ce jour que je croyais maudit, tu viens m'apporter une belle nouvelle qui redonne du courage et l'envie de se battre. Une fois de plus, je constate que rien n'est jamais perdu. Ce juge est une bénédiction du ciel.

— Oui, et je sais qu'il est très fier de toi. Ton obstination, pour avoir levé le voile sur la violence et les méfaits du foyer, ainsi que ton empathie pour les autres l'ont touché. À présent, je voudrais te remercier. Te remercier pour ce que tu es. Il m'a fallu un peu de temps pour te cerner. Mais à présent, je sais qu'une belle étoile veille sur toi. Je ne te l'ai jamais dit, moi aussi je suis croyant.

— Un regard aussi humide que le tien ne peut être qu'un regard aimant. J'ai tout de suite remarqué la lumière qui brille en toi. Je pense que le moment est venu pour moi de te révéler mon secret, celui qui m'accompagne depuis l'enfance.

Je lui racontai comment à l'âge de 7 ans je découvris les manifestations d'un monde étrange et fus harcelé et malmené pendant plusieurs mois par de mauvais esprits. Je lui parlai aussi des fièvres dont j'avais souffert à cette époque, du bouclier magique et de sa lumière protectrice et des apparitions de ma mère et de mon grand-père, apparitions qui m'ouvrirent aux mystères de l'éternité.

Je lui révélais l'image de Mère, si belle dans son habit de lumière :

— Comme les vagues océaniques où la lumière divine la recouvrait de soie scintillante.

Puis j'ajoutai :

— Elle me protège. À chaque fois que le mal vient frapper ma vie, le bien réplique immédiatement. La preuve encore ce soir. Tandis que j'allais me coucher totalement abattu par l'issue du concours, te voilà, toi Marc, porteur d'une excellente nouvelle !

— Je comprends mieux maintenant pourquoi tu semblais si lointain. Tu regardais vers l'autre monde ! Profite de ce cadeau du ciel, Harris. La connaissance de l'éternité est la meilleure chose qui puisse nous arriver. Non seulement, elle nous aide à devenir meilleur mais elle nous ouvre aussi les yeux sur qui nous sommes. Sans aucun doute, toi aussi, comme ta mère, tu seras un esprit de lumière.

— Le respect et la croyance sont les deux grandes valeurs de la vie. Je tiens cet enseignement de mon père et de Catherine, une femme étrange au pouvoir mystérieux. Son souvenir est inoubliable autant que ce qu'elle m'a apporté est inestimable.

Je fis alors à Marc le récit de mon séjour à la Maison du Saint-Esprit et surtout un portrait détaillé de Catherine, cette femme de foi qui détenait tant de connaissances sur les mondes du bien et du mal.

— C'est à la providence que je dois cette rencontre. Cette femme m'a sauvé. Grâce à son pouvoir et son savoir-faire face à l'irrationnel, j'ai retrouvé la paix et plus jamais je n'ai été la proie des mauvais esprits. Elle est pour moi un être cher. Comme une grand-mère à l'esprit de lumière.

— C'est un beau cadeau que tu me fais là Harris en te confiant comme tu le fais. Depuis notre rencontre, c'est la première fois que nous discutons ainsi. Merci pour ce partage.

— Les secrets de l'éternité se partagent avec ceux qui veulent bien les entendre. Et tu fais partie de ceux-là. Un jour, je prendrai la plume pour témoigner de tout cela. Mais avant, il me reste un long chemin à parcourir.

— Les anges de la miséricorde divine sont avec toi, j'en suis sûr. Comme je suis sûr qu'un jour tu toucheras les plus hauts sommets. Il sera temps alors de souligner tes lignes.

Grâce à la nouvelle rapportée par Marc et les propos échangés, je n'eus pas de mal à trouver le sommeil. Une fois encore, Marc m'avait convaincu qu'il était un très bon éducateur, ouvert d'esprit et un homme de bien.

J'avais donc cinq mois pour préparer mon départ. La première des choses était de trouver un travail. Après ma déconvenue au concours, j'étais prêt à prendre n'importe quel emploi, dès lors qu'il me permettrait d'être plus indépendant.

Je repris donc mes recherches. Au centre, le calme était revenu, l'atmosphère était désormais plus respirable.

Quelques jours après l'arrestation du directeur, ce fut au tour du comptable et de quatre éducateurs d'être appréhendés pour suspicion de détournement de fonds.

À quelque temps de là, le centre fut la proie des journalistes de la presse locale. Leur présence confirmait la rumeur qui courait dans la ville. Celui qui était à l'origine du détournement de fonds, le grand manitou qui tirait les ficelles de cette escroquerie de grande envergure n'était autre que le maire de la ville. Le directeur du foyer et lui étaient des amis proches. Si la nouvelle nous fit l'effet d'une bombe, nous nous réjouissions de savoir enfin cette affaire élucidée. Ici-bas ou de l'autre côté, la justice régnerait pour toujours en maître. Dieu merci.

Comme le dit le proverbe, on récolte ce que l'on sème.

Mais si cette histoire ne me concernait plus, j'en tirais cependant un enseignement. Le cœur est notre guide, celui-là même qui nous aide à percer les secrets de l'existence. Il est comme une lampe qui éclaire généreusement le chemin de la vie.

Dans la fleur de l'âge, j'avais toute la vie devant moi. Dans quelques jours, il serait temps de quitter le foyer.

Je pensais à Catherine, me remémorant une fois encore ses enseignements : ne pas plier devant les facéties du destin, se dresser devant le mal et suivre ses rêves. Elle était ma force après Dieu. Tout comme Père. Elle avait fait tant de miracles ! Comment douter de ses prouesses ? J'aurais bientôt 20 ans et un nouveau monde alors s'ouvrirait à moi.

Un matin de juillet 1997, je fus convoqué par Marc dans son bureau. Il m'attendait avec les clés de mon futur studio.

— Tu verras, me dit-il en me remettant le précieux sésame, c'est un bel appartement. Bien situé.

— Nous pourrons nous revoir ? De temps en temps ?

— À la suite du scandale qui a touché l'établissement, le Conseil général a décidé de le fermer. Je vais être muté ailleurs. J'ignore encore où.

— Et les résidents ? Que vont-ils devenir ?

— On va les reloger. Sans doute dans des studios comme le tien. Tous ont droit à leur indépendance désormais. Sauf les mineurs.

— Belle nouvelle ! Mes recherches d'emploi m'ont tenu un peu éloigné du centre ces derniers temps. Je ne savais rien de tout ça et je m'en réjouis sincèrement.

— C'est toi qui es à l'origine de tout cela Harris. Si la justice a redonné ses droits à cette jeunesse bafouée, c'est grâce à toi. C'est la providence qui t'a envoyé ici.

— Nous avons fait face ensemble à Marc. Et c'était l'essentiel. Toi et moi nous avons la connaissance du monde éternel. J'en détiens quelques secrets que j'offre en partage. C'est ma réalité. Universelle et spirituelle.

— Tu m'as conforté dans l'idée que, dans la vie, tout est possible si l'on sait regarder vers l'infini et le merveilleux. Avec toi, j'ai appris à voir au-delà de l'enveloppe corporelle, là où réside la vie la plus intense. J'ai exploré jusqu'aux portes de l'éternité. Et c'est animé par ces forces mystérieuses que je mènerai désormais ma destinée. Nos échanges me manqueront, sois-en sûr.

Ému, il me tendit un bout de papier griffonné.

— Voilà mon numéro.

Il me prit dans ses bras, fraternellement. J'étais fort ému, moi aussi. Il était une de ses belles rencontres que nous faisons. Une sorte d'alter ego devant l'éternité.

— Je te souhaite tout le bonheur, me souffla-t-il à l'oreille. Que tes pas toujours te mènent vers le meilleur.

Ses yeux étaient humides.

— Merci, lâchai-je dans un souffle avant de tourner les talons.

La porte du bureau se referma sur Marc. Un nouveau chapitre de ma vie allait s'écrire. Je rangeai les clés du studio dans ma poche et m'en allai vers mon destin.

Avant de me rendre dans ce nouvel appartement qui serait désormais mon « chez moi », je voulais rendre visite à Père. Il me manquait profondément. Lorsque je le retrouvais enfin, je lui racontais les derniers évènements que j'avais vécus jusqu'ici. Il me félicita avec une ardeur que je ne lui connaissais pas encore pour mon courage et ce panache à assumer toutes ces situations difficiles. Et je fus totalement comblé lorsqu'il s'exclama :

— Je suis fier de toi !

Nous avions connu tous deux des hauts et des bas, mais nous avions su nous reconstruire honnêtement. Malgré les séparations et les coups durs, nous étions restés liés dans le respect et l'amour que nous éprouvions l'un l'autre. Ce lien sacré, au-dessus de tout, scellé par notre foi et notre connaissance de l'éternité était notre plus grand trésor. Lui comme moi étions les témoins heureux de l'existence de l'au-delà.

Après ce week-end passé auprès de Père, où nos retrouvailles avaient été plus intenses et émouvantes que jamais, je découvrais mon studio.

Lorsque je me réveillais dans cet appartement pour la première fois, je remerciais le juge pour enfants d'avoir tenu parole et ce pays qu'était la France savait, malgré tout, protéger ses pupilles.

Il me fallait désormais trouver un emploi pour assurer mon minimum vital : tout comme tout le monde, le toit et le couvert. Cet emploi serait évidemment temporaire, juste le temps que ma naturalisation devienne effective et qu'enfin puisse retenter ma chance à l'examen d'agent équestre. Cela demeurait bien entendu mon objectif. Travailler ne me faisait pas peur, quelle que soit la tâche, je prenais exemple sur mon père. Ouvrier dans le bâtiment, il n'en était pas moins honorable et doté d'estimables valeurs humaines. C'est à la sueur de mon front que je voulais réaliser mes rêves. Je connaissais les dures réalités de notre vie en société. Le mérite n'est pas souvent récompensé en ce bas monde et peu d'entre nous peuvent aller au bout de leurs rêves. Il nous reste l'espoir. Et la chance parfois nous sourit.

Je savais qu'en entrant dans la vie active, les raisons de désespérer seraient nombreuses. Je voulais faire résistance face à l'abattement. Combien d'entre nous plient devant les pressions de ce monde déshumanisé ? Acculés, au bord du gouffre, ils sont si nombreux ceux qui perdent la tête ou en finissent avec la vie.

Catherine m'avait appris à aimer tout ce qui est bon et utile à la santé de l'âme.

— C'est la foi en Dieu et l'amour des autres qui nous protègent de la morosité du monde, disait-elle. Et c'est ce qui garantit notre éternité. La clé du bonheur résiderait uniquement dans l'éducation.

L'étrange force qui m'avait animé tout au long de ces années avait la douceur de l'amour. Et je voulais continuer à la respirer profondément. N'était-ce pas là l'appel de Dieu ou le signe de sa présence en mon âme, comme Père et moi l'avions toujours cru ? Que pouvait être cette mystérieuse émotion qui habiterait un bon nombre d'entre nous si ce n'était la source d'énergie bien vivante du créateur ? Dieu aurait alors insufflé à juste dose dans l'âme des gens son énergie intellectuelle autant qu'éternelle. Probablement déjà même dans le ventre de nos mères, il nous avait noyés de cet exceptionnel liquide mielleux, signe de son existence. Animé par son souffle, mon plus grand espoir était d'élever mon âme à son apothéose. Et comme l'avait conseillé mon paternel, parfois il est bon de jeter un regard céleste sur la providence divine.

Ceux qui prient et aiment ne sont jamais abandonnés par leurs bonnes étoiles, gardiennes de paisibles éternités.

Quelques semaines après mon emménagement, je trouvai un emploi, certes provisoire, mais qui me donnait enfin la possibilité d'entrer dans la vie active. J'allais travailler comme agent d'entretien dans une grande compagnie.

Si ce travail était pénible et moralement contraignant, je me rappelais le mérite de nos mères à s'adonner quotidiennement aux tâches ménagères. Partout où j'avais croisé ces « mères courageuses » et besogneuses, j'avais eu la plus grande estime pour elles. À commencer par ma propre mère. Mon nouvel emploi n'était sûrement pas le fait du hasard. Désormais, j'accomplissais les tâches que tant de fois ma mère avait accomplies, animé par l'espoir de voir ma naturalisation aboutir bientôt pour enfin retourner au monde des chevaux.

J'arrivais au terme de mon mois d'essais, lorsque mon supérieur m'annonça que mon contrat était reconduit pour six mois supplémentaires. Si je fus d'abord satisfait par cette nouvelle, je finis par me rendre compte que mes collègues et moi-même étions pour le moins abusés. Nous étions épuisés par les horaires décalés. À bout de force, nous perdions la notion du temps et ne parvenions pas à recouvrer nos forces physiques. La direction, bien entendu, restait sourde à nos demandes. Le prix de notre survie dans le monde du travail était lourd à payer. Petit salaire, petite retraite et grands efforts. La réussite de l'homme dans ce monde tient plus à la chance qu'au mérite.

Il semblait aberrant autant qu'injuste qu'une entreprise de renommée mondiale fasse si peu pour les conditions de travail de ses employés. Ils étaient les maîtres capitalistes de notre société et nous étions les pions en bas de l'échelle. Cela sans doute leur donnait le droit de nous malmener. Que pouvait leur importer de nous contraindre à multiplier les trajets en plus de nos tâches ? La santé de certains en pâtissait. Mais selon toute vraisemblance, pour ces dirigeants, nous n'existions pas et rares étaient ceux qui nous considéraient, le temps d'un sourire échangé. Notre emploi du temps était établi selon les règles d'un outrageant jeu de cache-cache.

Nous devions être présents sur les lieux dès six heures du matin pour disparaître à neuf heures, au moment de l'arrivée des employés, réapparaître pendant l'heure du déjeuner, pour deux heures, disparaître de nouveau pour revenir à 17 heures au moment où les bureaux se vidaient. Notre journée s'achevait à 21 heures… Cette valse d'allers-retours était tout bonnement épuisante et certains d'entre nous ne tenaient plus sur leurs jambes. Pour ma part, je n'aurais su dire combien de temps j'allais pouvoir tenir ce rythme et profitais de mes heures de « relâche » pour chercher un autre emploi. C'était loin d'être gagné.

En attendant, il nous fallait supporter les regards froids et méprisants des dirigeants que parfois nous croisions. Nous sentions si éloignés de leur monde, fait de morbidité et d'inhumanité, où il est bon de croire que l'argent peut tout acheter. Les maîtres de la spiritualité et les humanistes savent que le bonheur réside dans les esprits sains, ceux-là mêmes qui dévouent leur existence aux lois astrales. Ces âmes sont incorruptibles et n'ont d'autre but que d'honorer les valeurs humaines. À chacun sa destinée.

Avec mes collègues, nous partagions le même mépris envers cette compagnie, et l'épuisement poussait certains à la démission. Ils étaient aussitôt remplacés. Pour tous les agents d'entretien, cette société était un cauchemar, où la notion de respect, que nous soyons hommes ou femmes, était inexistante.

Plus les semaines passaient, plus je me demandais pourquoi je ne démissionnais pas à mon tour.

Peut-être agissais-je ainsi, car j'étais encore à un âge où l'on se sent invulnérable et l'on agit sans mesurer toutes les conséquences de nos actes. Sans doute était-ce la fougue de la jeunesse qui me poussait ainsi à relever les défis et à me surpasser.

Si la jeunesse est fougueuse, elle est aussi prompte à nous faire commettre des erreurs. Deux mois après avoir débuté dans cette société, je connus une descente aux enfers. J'avais poussé mon organisme au-delà de ses limites, sans même m'en apercevoir. Je souffrais, tant sur le plan psychologique que physique. Je me retrouvais en arrêt maladie, sans avoir pressenti quoi que ce soit. J'étais totalement meurtri par l'épreuve. Moi qui avais pensé être sur la bonne voie, en plein élan, prêt à vivre la prémonition de Catherine… Il me fallait peut-être patienter et traverser cette nouvelle tempête jusqu'à l'anniversaire de mes vingt ans. Le mois de novembre était proche. Serait-ce le dénouement et la concrétisation de cette promesse ? Nager indéfiniment dans un océan de bonheur… Mais pour l'instant, ma santé était ma première préoccupation. Je mesurais la fragilité des choses. On se sent comme bercé sur un nuage paisible et la minute d'après le ciel nous tombe sur la tête. Jamais je n'aurais pu croire que ce que je pensais être une simple fatigue put me plonger dans une telle spirale générant à la chaîne des souffrances de plus en plus conséquentes.

J'espérais tirer profit des bénéfices du sommeil pour retrouver des forces. Ce ne fut malheureusement pas le cas. Réveillé dès l'aube, je ne notais aucun mieux notable. Je me sentais intérieurement de plus en lourd, tandis que j'étais amaigri et avais perdu la notion du temps. Je me sentais de plus en plus affaibli et mes troubles dépassaient mon entendement tout autant que celui des médecins. Peu à peu, j'en vins à la conviction que mon mal était d'ordre spirituel. J'étais de nouveau confronté à des phénomènes paranormaux. Apparemment, la prophétie de Catherine prenait une autre tournure. À l'évidence, ma guérison serait le fait du miracle puisque médecins et traitement échouaient à me redonner la santé. Touché par ce mal étrange, je me sentais effrayé par le monde, prêt à mettre les genoux à terre. Allais-je capituler ?

Où était cette lumière de vie qui tant de fois avait illuminé mon âme ? Je n'arrivais pas à remonter à la surface, l'incompréhension me rendait aveugle aux couleurs de la vie. Chaque matin, j'étais plus faible, comme si mon esprit était gangrené par un germe mystérieux et malsain. Ce poison infestait jusqu'à ma mémoire, gardienne de mes souvenirs. D'un jour à l'autre, j'oubliais ce que j'avais fait. Je passais, par exemple, un temps fou à retrouver les clés de la maison. Ma vie n'était plus qu'un trou noir, un puits sans fond où ma conscience s'échappait chaque jour d'avantage.

Comme si le fil de ma pensée ne m'appartenait plus, j'étais tourmenté par d'horribles désirs de vengeance. À commencer par ma tante Pénélope. Heureusement, si mon esprit semblait corrompu, mon cœur ne l'était pas encore et m'aidait à lutter contre ces pensées insensées autant qu'irrecevables. N'avais-je pas pardonné par le passé ? Pourquoi le contrôle de mon esprit m'échappait-il ? Mon âme ne connaissait plus de paix. Seul le fond de mon cœur, demeuré intact, m'aidait encore à lutter contre l'irraisonnable.

Happé par les tourbillons de l'enfer, j'étais méconnaissable. Et c'est à la force infinie du cœur que celui-ci ne sombrait pas totalement. Je repensais à ce maître spirituel croisé un jour qui m'avait dit :

« La force de l'homme réside dans le moteur de l'âme saine de son cœur. »

Ma conviction était faite. Pour la seconde fois, depuis l'enfance de mes sept ans, j'étais la proie de mauvais esprits. Mais cette fois, ils étaient invisibles. Et cette invisibilité ne les rendait que plus redoutables. Ils n'étaient pas seulement maîtres de mon esprit, ils hantaient aussi mon espace. Lorsque la nuit tombait, au clair de lune, les ampoules claquaient, les portes et les fenêtres s'ouvraient ou se fermaient, des bruits suspects venaient de la cuisine, m'obligeant à me lever plusieurs fois par nuit pour aller voir ce qui s'y passait. Mais à chaque fois, le calme revenait brusquement, comme si j'avais été la victime de machinations. J'étais sur le point de perdre la tête. Parfois, lorsque j'étais allongé, je sentais des pressions sur mon matelas. On voulait me faire passer un message, et l'avertissement était effrayant : bientôt, ma vie serait anéantie. J'avais quasiment perdu le sommeil, et lorsque j'arrivais tout de même à m'endormir, je me réveillais, le torse lacéré de griffures ou bien encore ressentant dans les pieds des décharges électriques.

Mais où était donc le bouclier magique de mon enfance ? Celui qui m'avait si bien protégé des démons.

Combien de temps encore aurais-je la force de résister à ces attaques maléfiques ? Je vivais la peur au ventre et le souffle coupé. Je pensais être arrivé au paroxysme de la souffrance morale, lorsqu'une nuit, on tenta de m'infliger le coup fatal. Mon cœur, jusque-là épargné et garant de mon peu d'équilibre, fut atteint par cette instance diabolique. Je sentis une main malfaisante le serrer et le compresser. À n'en pas douter, on essayait de m'achever, d'extirper mon dernier souffle en s'attaquant à lui. Mais il résista aux assauts. Le pouvoir spirituel dont il était le gardien déploya toute sa puissance. Je tenais encore debout.

Lorsque, profitant des quelques forces qu'il me restait, je m'aventurais dehors pour quelques achats, je croisais des regards interrogateurs. Les gens du quartier avaient du mal à reconnaître le jeune homme jovial que j'avais été. Je savais que j'étais contraint au silence. Parler des phénomènes dont j'étais la victime aurait engendré plus de scepticisme que de compréhension. Je gardais donc le silence, m'accrochant à l'espoir que ce terrible épisode prendrait bientôt fin. Cependant, je me sentais perpétuellement menacé. J'avais de plus en plus de difficulté à me mouvoir. Mon corps était lourd, comme possédé. Je n'étais plus libre de mes mouvements. Traverser une rue était devenu un supplice. Mes jambes ne me portaient plus. J'étais à la merci de cette force maléfique qui de toute évidence voulait ma fin, me condamnant à un long suicide.

Certaines nuits désireuses de mettre fin à ces souffrances intolérables, j'enjambais la fenêtre, prêt à sauter dans le vide. Mais aussitôt j'entendais frémir les sentiments de l'esprit de famille de ceux qui m'aimaient. Ma mère, mon père… L'un et l'autre jouaient courageusement leurs rôles, m'arrachaient au vide. Alors face à la fenêtre, le regard tendu vers le ciel, je pleurais, priant Dieu d'abréger mes souffrances. Que cette même nuit, un soir après trois mois d'absence pour raisons professionnelles, mon père sonna à ma porte :

— Bonjour, mon fils !

Quel soulagement de le voir !

— Mais que t'arrive-t-il ? Tu es pâle, amaigri ? Tu as oublié que c'était ton anniversaire aujourd'hui ?

— Oh père ! C'est affreux… La prophétie de Catherine semble se réaliser, mais pour l'instant elle prend une forme diabolique. Je suis à bout. J'en ai même oublié mon anniversaire.

Je lui racontais tout depuis le début. Comment ce que j'avais pensé être une simple fatigue avait dégénéré en souffrances physiques et psychologiques. Je lui dis combien j'étais terrifié par la présence invisible des mauvais esprits qui sans relâche m'assaillaient. Je lui montrais mon torse, maculé de griffures.

— Je suis là maintenant, dit mon père rassurant. Je vais combattre à tes côtés. Tu dois résister, car tu fais partie de l'emblème des grands esprits. Je le sais par Catherine.

Aux mots de mon père, je m'effondrai en larmes.

— Je ne voulais pas te causer de soucis, père. Je pensais pouvoir m'en sortir seul, avec l'aide des médecins. Mais peu à peu, j'ai compris que mon mal n'était pas rationnel et qu'il était l'œuvre du démon. J'aurais dû te prévenir avant. Pardonne-moi, père.

— Oublions cela et concentrons-nous sur ta guérison. Dès demain, je vais faire des recherches pour retrouver Catherine. En attendant, tu dois garder espoir.

— Entendu, Père. Mais pourquoi dois-je souffrir cela ? N'ai-je pas toujours été loyal et respectueux ? N'ai-je pas toujours cherché à œuvrer pour le bien ? Et pourquoi ne suis-je plus protégé comme jadis par la lumière divine et le bouclier magique ? N'est-ce pas insensé Père ?

— Tu es si modeste et tu agis si naturellement que tu ne vois pas ce que tu as déjà accompli dans ta courte existence. Tu as défendu tant de causes, réparé tant d'injustices ! Pour moi, l'explication est là. C'est ta bonté et ta pureté qui déchaînent les forces maléfiques. Depuis ton plus jeune âge, ces instances diaboliques savent à quel point tu es proche de Dieu. Elles veulent s'emparer de ton esprit, car elles savent depuis toujours quels sont ta force et ton savoir spirituels. Le diable veut éloigner de Dieu et te détourner de ta formidable destinée. Mais rassure-toi, mon fils, je suis sûr que tu sortiras victorieux et grandi de cette terrible épreuve. Elle te rapprochera plus encore de Dieu. Telle est la règle de la providence divine.

— Merci Père. Si tu savais combien tes paroles me réconfortent. Elles propagent en moi une douceur infinie. Aucun traitement jusqu'à aujourd'hui n'a eu un tel effet. Je vais me battre, je te le promets. Je veux redevenir celui que j'étais et sauver mon âme. Je vais continuer à prier et à m'en remettre à la providence divine. C'est sans doute le meilleur chemin à suivre.

— Tu as de la graine de grand guerrier, mon fils. Je suis heureux de t'entendre parler ainsi. Dieu éradiquera jusqu'à la dernière goutte du poison qui coule dans tes veines et gangrène ton âme. Je vais te faire un lait chaud avec un peu de miel. Cela t'aidera à trouver le sommeil. Et dès demain, je partirais à la recherche de Catherine. Ce sera mon cadeau pour tes 20 ans.

Je passais cette nuit de novembre 1997 aux côtés de mon père et pour la première fois depuis longtemps, je n'eus pas à subir les assauts des mauvais esprits. Même si mon cœur, dernier bastion des attaques maléfiques, continuait d'être oppressé, m'occasionnant des douleurs que je n'aurais souhaitées à personne, j'avais le sentiment que le pire était derrière moi.

Je savais que c'était dans la prière que se trouvait mon salut. Guérir était mon unique désir.

Dans les bras de mon père, protégé par son regard aimant et bienveillant, je retrouvais un peu de paix intérieure. Sa grandeur d'âme et sa sagesse agissaient sur moi de façon miraculeuse. Sa présence réveillait en moi des émotions jusque-là étouffées par les mauvais esprits. Cette force émotive, de nouveau acquise, était un rempart contre le mal. J'avais 20 ans depuis quelques heures.

Dès le lendemain, Père se rendit à la maison du Saint-Esprit pour y chercher Catherine.

Même si mon cœur me faisait encore souffrir, je constatai en me levant un léger regain de vitalité. J'avais vu la mort de près, mais je savais désormais que tant que l'espoir perdure, il nous est possible de la combattre. Je voulais revoir la lumière de la vie, même si elle me semblait loin et que le tunnel qu'il me fallait traverser pour l'atteindre était si long encore à parcourir. Aujourd'hui, je peux dire que sans la présence de mon père à mes côtés à ce moment-là, je ne serais plus de ce monde. Suicidé ou décédé d'un arrêt cardiaque. Je tenais encore debout, soutenu par Dieu et mon père qui l'un et l'autre maintenaient allumée la flamme de l'espoir.

Lorsque Père revint à la fin de la journée, il m'annonça qu'il avait presque localisé Catherine. C'était une excellente nouvelle.

Mon père passa les nuits suivantes auprès de moi, veillant aux attaques des esprits frappeurs. La présence de Père semblait les éloigner, car ils ne se manifestèrent plus. J'avais cependant tout d'un mort-vivant, car si j'étais pour un temps délivré du démon, mon cœur menaçait à tout instant de lâcher. Je vivais chacune de mes respirations comme mon dernier souffle.

Un matin de décembre, tandis que Père était toujours à la recherche de Catherine, je me levais avec une effroyable migraine, comme si les douleurs de mon cœur étaient remontées jusqu'à mon cerveau. Je sortais à toute vitesse de mon appartement, persuadé j'avais besoin de prendre le frais pour dissiper la violence de la douleur. En arrivant dehors, la douleur se fit plus aiguë encore et je réalisais soudain que je ne percevais plus la lumière du jour. J'étais plongé dans la pénombre. Il n'était pourtant que dix heures du matin et tout autour de moi était obscur.

Arpentant les rues, je hurlais de désespoir me demandant si je n'étais pas devenu fou.

Pouvait-on me condamner davantage qu'en me privant de la lumière de jour ? Cette pénombre dans laquelle j'étais désormais plongé était à n'en pas douter celle de l'enfer. Ce 27 décembre 1997, je pleurai comme je ne l'avais jamais fait auparavant. Toute la journée, je m'agenouillai et priai devant les maisons de Dieu. Les églises, les synagogues, les mosquées… J'implorai le ciel de me venir en aide.

— Pourquoi m'as-tu abandonné, Seigneur ? Quelle faute ai-je commise, quel mal ai-je perpétré, pour que tu me laisses ainsi me perdre en enfer ? Par le sacrement qui me lie à toi, je te le demande. Si tu ne peux délivrer mon âme prisonnière du démon, fais que mon cœur ne cesse de battre.

Tandis que j'errais dans une ruelle, traînant mon chagrin à son comble, un vieil homme vint à ma rencontre. Il émanait de lui une grande clarté. Malgré son grand âge, il pétillait comme un enfant radieux, et malgré le désespoir dans lequel je me trouvais à cet instant, je pus immédiatement reconnaître en lui un homme de grande valeur et d'une haute spiritualité. Il avait une lumière semblable à celle de mon défunt grand-père. Sa présence soudaine me rassura, comme si je rencontrais un parent cher.

— Sèche tes larmes, petit. Et même s'il est vrai que les larmes peuvent soulager un temps les âmes douloureuses, tu n'as que trop pleuré. Dieu n'abandonne jamais ceux qui l'implorent. Je sais lire les secrets de l'âme, et je sais que tu as toujours œuvré pour le bien. Ton âme est belle et ton cœur plein d'amour. Tu as le regard humide des gens bons. Tu as encore du chemin à parcourir mais tu y arriveras. Redresse-toi et rends-toi à cette adresse.

Il me tendit un bout de papier sur lequel étaient griffonnés quelques mots.

— Quel est cet endroit ? demandais-je

— C'est à quelques pâtés de maison d'ici. Tu comprendras une fois sur place. Au revoir, jeune homme.

Et le vieil homme disparut.

Après m'avoir vidé de toute ma peine, Dieu m'envoyait un signe providentiel en la personne de ce vieux monsieur. Comme les mots de mon père, ceux de ce monsieur réveillèrent en moi quelques ressources que je croyais disparues. Sans plus tarder, je me mis en route. Mes jambes me portaient à peine et j'avançais courbé par le poids de mon corps, toujours plongé dans la pénombre.

Enfin, j'arrivais à l'adresse indiquée par le vieux monsieur. Je m'arrêtai devant la porte. Impatient autant qu'anxieux de savoir ce qui m'attendait, je sonnais à la porte.

Une dame vint m'ouvrir :

— Bonjour, jeune homme. Je suis Antonia, responsable de l'organisation de cette maison. Entre. Ici, tu ne risques rien.

Après m'être présenté à mon tour, j'entrai et remarquai des gens assis dans ce qui semblait être une salle d'attente.

— Je suis dans un cabinet médical, c'est ça ?

— Cet endroit est une maison de Dieu. Les gens que tu vois souffrent tout comme toi de douleurs étranges. La propriétaire des lieux leur vient en aide. C'est une personne de grand talent. Tu vois ces jeunes gens assis dans la cuisine ?

Un groupe de jeunes assis autour de la table mangeaient et riaient à pleines dents.

— Autrefois, ils étaient tous souffrants. Regarde comme désormais ils sourient à la vie !

— Mais pourquoi reviennent-ils ici s'ils sont guéris ?

— Ils viennent rendre visite à la personne à qui ils doivent d'avoir retrouvé le sourire !

Antonia me fit asseoir.

— Ne bouge pas. C'est bientôt ton tour.

Je ne savais que penser. J'avais hâte de rencontrer cette personne capable de miracle et même en temps j'étais anxieux loin de mon père dans cet endroit inconnu. Que faisais-je là ? Et s'il s'agissait d'une secte ? Je me raisonnais et me dis qu'avant d'avancer de telles suppositions je devais attendre d'en savoir un peu plus. Quand

Antonia vint m'annoncer que c'était mon tour, ma curiosité était à son comble. Qui se cachait derrière cette porte ? Un charlatan ou un être céleste capable de me guérir ?

Antonia me fit entrer et referma la porte derrière moi.

— Bonjour, dis-je à la femme qui me faisait face

— Bonjour ! Assieds-toi, je t'en prie. Ah ! Dieu merci… Ne t'avais-je pas dit que nous nous retrouverions un jour, lorsque le destin en aurait décidé ?

Comme je restai sans voix, elle continua :

— Évidemment, tu ne me reconnais pas. Tu as bien grandi depuis notre rencontre…

Son visage ne m'était pas inconnu. Si je me sentais détendu auprès d'elle, mon esprit était cependant bien trop perturbé pour que je sois capable de faire appel à ma mémoire.

— Je suis désolé. Je suis si diminué… Je souffre sans répit depuis des jours… Aujourd'hui, je ne peux même plus entrevoir la lumière du jour. Autour de moi, tout n'est que pénombre.

— Je comprends ta souffrance. Mais je peux te promettre que très bientôt la lumière du jour viendra de nouveau éclairer ton esprit.

— Mais qui êtes-vous ?

— Je suis Catherine… Tu te souviens de moi ? La maison du Saint-Esprit…

J'exultai :

— Mais bien sûr ! Comment vous oublier ? Mon esprit et mes souvenirs sont peut-être brouillés par la souffrance, mais les trésors de l'âme ne disparaissent jamais. Depuis des jours, Père n'a de cesse de vous chercher. Et vous étiez si près ! Juste ici dans la région, pas très loin de mon appartement… Rien ne peut plus me combler que nos retrouvailles. Vous avez tant compté pour moi.

— À présent, approche-toi et ferme les yeux quelques instants. Je vais poser mes mains sur ton front comme lors de notre première rencontre. Ensuite, tu devrais te sentir mieux. Allons-y.

À l'instant même où Catherine appliqua ses mains sur mon front, je me sentis allégé d'un poids énorme, comme si elle avait aspiré la moitié de mon corps.

— Quelle sensation étrange ! dis-je. J'y vois plus clair et mon esprit me semble si léger soudainement. Mais pourquoi mon cœur me fait-il toujours aussi mal ? Ce n'est pas normal Catherine.

— Garde ton calme, nous n'en sommes qu'au début. Tu es désormais délivré de ce mauvais djinn responsable de tes souffrances. Quant à ton cœur, nous le guérirons. Grâce à la médecine ou à la providence. Ne flanche pas. Le pire est derrière maintenant.

Si j'étais heureux d'apprendre qu'enfin j'étais délivré des mauvais esprits, j'avais peur de ne pas pouvoir supporter encore longtemps les douleurs infligées à mon cœur.

— Tu ne dois pas douter des miracles de notre seigneur. Après toutes ces années, nous nous retrouvons ! N'est-ce pas un signe ? N'aie crainte. Je t'ai promis un avenir merveilleux et tu es loin d'imaginer le bonheur que bientôt tu connaîtras. Crois en la grâce divine, et ton cœur se rétablira. Je vais prier pour toi, sache désormais que les forces obscures ne peuvent plus rien contre toi.

Reviens demain, si possible avec ton père. En attendant, je prierais pour toi.

Lorsque je sortis de la maison, je ne pus m'empêcher de me demander si tout ce que je venais de vivre et d'entendre n'était pas le fait du rêve. Pour être tout à fait certain d'être dans la réalité, je sonnai de nouveau à la porte de la maison. Lorsqu'elle s'ouvrit, tous les visages que j'avais croisés plus tôt m'apparurent plus réels que jamais. C'est léger, je rentrais chez moi, pressé de tout raconter à Père. Mon état et ma rencontre avec Catherine allaient le combler de joie. Certes, je souffrais toujours du cœur, mais j'avais désormais l'esprit libre et l'obscurité dans laquelle j'avais été plongé s'estompait, laissant place à une magnifique lumière. Je saurais trouver les ressources pour faire face. Et je gardais l'espoir qu'un second miracle vint à se produire.

De retour à l'appartement, je retrouvai Père qui, inquiet, m'attendait. Il remarqua immédiatement les changements dans mon comportement. Je lui racontai par le menu le déroulement de cette incroyable journée.

— Quelle merveilleuse nouvelle ! s'exclama-t-il dès que j'eus fini mon récit. Sois béni, mon garçon ! Demain, nous irons voir Catherine, puis nous irons consulter le médecin afin qu'il te prescrive des examens pour ton cœur.

— Mais si j'ai pu faire face, c'est grâce à toi, Père, et à tes enseignements. Tu es un bon père et je te dois beaucoup.

— C'est mon rôle de te donner le meilleur. Et je rends grâce au ciel de m'avoir donné un fils tel que toi. Ta mère serait fière, j'en suis sûr. À présent, il faut te reposer. Bonne nuit, mon fils. Je t'aime.

— Je t'aime aussi, Père.

Ce jour de décembre 1997 resterait mémorable à jamais. Tandis que 23 heures venaient de sonner à l'horloge de ma chambre et qu'étendu sur mon lit je m'apprêtais à m'abandonner au sommeil, une force pénétra mon corps sans la moindre hostilité et en prit le contrôle avec fermeté et tendresse, m'obligeant à garder les yeux fermés. Je ressentis un incroyable bien-être dans tout mon corps. Même mes douleurs au cœur disparurent. Ne comprenant pas ce qu'il m'arrivait, j'entendis soudain un doux murmure en mon âme. C'était la voix d'un ange. Le spectacle était magnifique, en ce jour du 27 décembre 1997, un second miracle s'accomplissait. Dieu, au travers de cet ange, s'adressait à moi.

— N'aie crainte, Harris, ton calvaire est maintenant terminé. Désormais plus de larmes ni de souffrance.

— Je ne peux pas vous distinguer. Je vous entends seulement.

— Tu n'as nul besoin de me voir. Tu sais que j'existe et qui m'envoie, c'est là l'essentiel. J'ai pour devoir de te remettre sur pied et de baigner ton esprit dans la lumière divine. Continue sur ce chemin, ne lâche pas, car tu connaîtras d'heureuses surprises. Nous savons tous combien tu as fait preuve de grandeur et de bravoure face aux terribles épreuves que tu as traversées.

Tu as atteint de grandes lignes d'horizon, ce sont nos actes et la maîtrise consciencieuse qui nous construisent. Tu l'as compris, la grandeur de la vie ne s'achète ni ne se troque.

Endors-toi du sommeil paisible du juste. Tu es aimé de Dieu et des anges.

Bercé par les paroles de l'ange, je m'endormis paisiblement. J'étais aimé de Dieu ! Pouvait-il y avoir plus beau message que celui-ci ? Cette nuit de décembre 1997 fut si douce, ma mère m'apparut en rêve. Elle m'avait tant manqué… Que pouvais-je espérer de meilleur après toutes ces souffrances endurées ?

Lorsque je me réveillai le lendemain matin, les douleurs au cœur avaient définitivement disparu. En me voyant, Père ne put cacher sa surprise :

— Quelle mine étincelante, tu as !

Je me précipitais dans la salle de bains et effectivement la santé sur mon visage me comblait. Mon teint pâle et mon air sombre avaient fait place à une mine très radieuse. Dans ma poitrine, mon cœur battait paisiblement. Sans plus tarder, je racontais à Père la visite nocturne de l'ange et les propos qu'il m'avait tenus. En m'écoutant, Père fut submergé par l'émotion et sur ses joues je vis couler quelques larmes. Tous à notre joie, nous prîmes le chemin de la maison de Catherine. Père et moi savions combien cette femme mystère avait joué un rôle décisif dans ma destinée et combien nous lui étions redevables. Nous avions hâte ce matin-là de lui annoncer ma guérison miraculeuse et de lui faire part de notre reconnaissance.

Comme nous étions les premiers visiteurs de la journée, Catherine nous reçut dès notre arrivée.

Père et Catherine se saluèrent chaleureusement, ravis l'un et l'autre de se retrouver après tant d'années. Lorsque son regard se posa sur moi, elle comprit immédiatement que quelque chose s'était passé durant la nuit.

— Tes yeux pétillent et ta mine est radieuse ! Raconte-moi tout. J'ai hâte.

Comme je l'avais fait pour Père le matin même, je lui racontais l'incroyable nuit que je venais de vivre.

— J'ai compris cette nuit en écoutant l'ange que je vivrais pour le bien. Je ne me laisserais jamais dominer par une conscience volage, ennemis de notre esprit parfois vulnérable. Grâce à tous ces enseignements, je crois désormais avoir acquis le contrôle de mon corps et de mon esprit. Je suis prêt pour le meilleur.

— Quel incroyable phénomène tu as vécu là, s'exclama Catherine ! Te voilà désormais doté d'un précieux savoir. Sais-tu comment se nomme cet ange ?

— Il m'a seulement dit qu'il était envoyé par Dieu. Et je regrette de ne pas avoir pu le remercier, tout est passé trop vite.

— Tu ne souffres plus et c'est là l'essentiel. Tu peux vivre à nouveau et rêver comme bon te semble. Je n'ai jamais douté de toi, Harris. Tu es baigné par la lumière divine, d'ailleurs depuis ton enfance. Mission réussie.

— C'est à vous que je dois cette renaissance. Car depuis ce matin, j'ai réellement l'impression de renaître ! Comme si mon âme en était à la première page de sa vie. Quel bonheur des plus sacré que de renaître de nouveau, pleinement rafraîchi !

— J'ai toujours été touchée par ton éloquence et la chaleur avec laquelle tu t'adresses aux autres. Tu sais lire en chaque être l'innocence et la vérité du cœur. Tu ressors grandi et fort de toutes ces épreuves, tu as vaincu le mal. Tu aimeras plus encore la vie. Ton âme est bénie par Dieu. Tu seras élevé au plus haut grade spirituel des secrets de la perfection humaine. Quelle belle victoire sur le mal ! Moi aussi, vois-tu, dans ma jeunesse, il y a bien longtemps, j'ai eu à traverser de lourdes épreuves. Je sais d'où tu viens. Mais Dieu, dans sa grâce, m'a dotée de certains pouvoirs. J'ai des visions d'ordre spirituel et peux prévoir certaines choses, particulièrement chez les personnes en souffrance. Voilà pourquoi je suis au service des innocents.

Puis s'adressant à mon père :

— C'est entre gens de bonne famille que nous avançons vers la lumière de la vie éternelle. Vous avez su donner à votre fils une bonne éducation spirituelle. Vous l'avez éclairé sur les valeurs humaines, lui apportant amour et soutien quand tant d'autres auraient abandonné la partie. Je sais comme il est complexe de vivre partagé entre deux mondes. Dieu vous a éprouvés dans vos cœurs, mais face à l'adversité, vous êtes restés unis et avez fait preuve d'un immense courage. Merci à vous deux pour votre fidélité.

— Merci à vous, dit Père, visiblement ému par les paroles de Catherine. C'est ensemble que nous avons fait triompher le bien sur le mal. Quel esprit d'équipe, même dans la distance nous avons tenu le mystère des liens qui nous unissent dans les sentiments.

Réjouis, Père et moi quittâmes Catherine ce jour-là. La belle

Catherine dans son teint clair de lune œuvrant pour l'humanité. Une étoile au royaume flamboyant de la jeunesse éternelle, comme si depuis longtemps déjà finalement sa perfection spirituelle avait atteint, dans son plus grand secret, le fruit saint de son immortalité.

Sur le chemin du retour, une fois encore je mesurais la chance de l'avoir parmi mes proches.

Au fil des jours, je regagnais assurance et autonomie. Une ère nouvelle et radieuse était en train de naître. Père et moi avions retrouvé paix et harmonie. Le voir ainsi de nouveau goûter à la tranquillité me mettait en joie.

À présent, je pouvais appréhender le monde avec une force nouvelle. Mon âme était enfin taillée à la fois dans le mystère de sa maturité, mais aussi dans sa racine enfantine. La vitalité croissante de ce même germe céleste a toujours fait le mariage de la santé de l'esprit, dans une parfaite fusion émotionnelle. Ni notre enfance et ni notre maturité ne seront oubliées, la mémoire de notre vie est éternelle.

Ce temps de l'innocence et l'honnêteté demeureront la meilleure étoile de notre belle liberté émotionnelle. J'aimais profondément Dieu et son infime mystère. Depuis l'enfance, le paradis des innocents m'avait ouvert les portes et j'avais encore beaucoup de merveilles à partager au regard de cette innocence du monde.

Après avoir pris la sage décision de quitter ce poste d'agent d'entretien, celui-là même qui m'avait coûté un bon nombre d'allers-retours dans cette entreprise destructrice.

Je pus enfin goûter à un repos bien mérité. J'avais un peu de temps devant moi. Mon loyer était encore pris en charge par la DASS. Regonflé à bloc, j'étais décidé à me faire une place dans la société. Et même si j'avais conscience de l'hostilité du monde, j'étais prêt à faire les bons choix et ne plus me laisser briser par un travail inhumain.

On avait voulu m'anéantir. J'avais dû subir les mauvaises grâces des humains et les sortilèges surnaturels des démons, connu les bas-fonds de l'enfer. Mais résistant et aujourd'hui plus fort que jamais, fort de mes connaissances morales et spirituelles, il n'y avait plus aucune crainte. Je redécouvris les joies de la vie, désireux de mener à bien mes rêves.

1998. Une nouvelle année. Depuis ma dernière visite chez Catherine, je n'avais plus été la proie de cauchemars ou de manifestations diaboliques et mon cœur continuait de battre à la bonne cadence. Je n'avais pas le souvenir d'avoir connu avant une telle paix intérieure. J'étais animé par une énergie nouvelle. Pour la seconde fois, depuis ma naissance, je tombais amoureux de la vie.

Un matin, au lever, je fus enveloppé par une étincelante lumière. Surpris et cherchant d'où elle pouvait provenir, je compris peu à peu qu'elle émanait de mon propre esprit. C'était ma lumière intérieure qui transparaissait à l'extérieur. Cette lumière divine qui m'avait été insufflée la nuit du 27 décembre par mon ange gardien. Elle était semblable à la lumière protectrice de mon enfance. Des poussières d'étoiles éparpillées en milliers de points lumineux. La lumière du soleil de l'âme avait pris plus de proportions. Elle éclairait gracieusement mon visage.

C'était mon aura.

Cette lampe princière était là pour éclairer mon existence. Le décor astral dans lequel elle me projetait était tout simplement époustouflant.

Depuis ce jour, je compris qu'il existait des milliers de voiles spirituels qui cachent les trésors de l'âme. Certains d'entre nous, grâce à leurs qualités humaines, peuvent libérer ces voiles les uns après les autres et découvrir ceux que d'autres ne voient pas. Ces autres, ceux-là mêmes qui nient le bien avanceront toujours voilés, aveugles et sourds. Dieu est vérité.

Cet hiver 98 fut mémorable. Au fil des jours, je retrouvais une forme physique étonnante. Les médecins étaient aussi heureux de me retrouver guéri. Mon ange avait dit juste. J'étais mué par une force nouvelle et la lumière de mon âme s'en trouvait décuplée.

Je remarquais que mon acuité visuelle avait augmenté. Jusqu'au jour où je m'aperçus que j'avais acquis le don de vision panoramique.

Je pouvais porter mon regard au plus lointain des horizons, ma perception du monde n'avait plus de limite. Un seul regard me permettait d'embrasser la totalité de la terre, comme si m'élevais dans l'espace. Le petit devenait grand, le grand petit, les toiles infinies me bordaient jour et nuit dans la grandeur du monde. Je découvrais la fabuleuse fresque de l'univers et m'émouvais du cosmos de ses étoiles. J'étais aux portes du Paradis spirituel. Le royaume de Dieu ne m'avait jamais paru si proche et l'appel des défunts si distinct. Je voyageais dans l'infini, porté par la lumière divine, arpentant les horizons comme un promeneur redessinant les contours du monde tel un artiste peintre.

Les distances et les frontières n'existaient plus. Je pouvais ainsi voyager pendant des heures sans ressentir la moindre fatigue. J'étais comme dans une bulle, flottant dans un ciel à crever de bonheur.

Pour la première fois, je ressentais les vibrations des cieux, au cœur même de cette sphère infinie.

L'âme du monde, dans son plus grand frémissement, souriait de tout son vivant.

Deux mois s'étaient écoulés depuis ma dernière visite chez Catherine. Elle me manquait.

Lorsque j'arrivai chez elle, je fus reçu comme d'habitude par Antonia. Je ne pus cacher une certaine déception lorsqu'elle m'annonça que Catherine était partie se reposer quelques mois dans sa maison de campagne. Ne souhaitant pas me laisser repartir ainsi, Antonia m'invita à entrer boire un café. J'acceptai de bon cœur.

— Tu sais parmi tous les gens que j'ai pu croiser ici, tu es sans doute celui qui a guéri le plus vite, me dit-elle.

Catherine lui avait parlé de la visite de l'ange et elle souhaitait en savoir davantage. Chuchotant presque, elle ajouta :

— Je suis curieuse de tes mystères.

— Tu sauras tout un jour, répondis-je.

Et pour la première fois, je me laissai aller à la confidence.

— Je vais écrire mon histoire. Un précieux roman où les mots, tracés à l'encre de ma plus belle plume arc-en-ciel, couleront à flots. Des mots immortels posés sur les lignes et les courbes de fresques magnifiques. Ce sera mon cadeau pour l'innocence du monde.

— Quel doux parfum de tendresse dans tes formules ! s'exclama Antonia. Catherine a raison lorsqu'elle dit de toi que ton esprit est infini et que tu es promis à une destinée légendaire.

Les paroles d'Antonia m'allèrent droit au cœur. J'allai lui dire combien Catherine était importante pour moi, lorsqu'hésitante, elle me demanda :

— Je... J'ai une question... Tu n'es pas obligé d'y répondre si tu la trouves déplacée... Bien entendu... Je... je voudrais savoir quelle est ta religion.

La question d'Antonia n'avait rien de déplacé, bien au contraire.

— Ma religion est celle de mon père, de son père et de tous mes ancêtres. Nous croyons en un dieu unique. Mais comme dit Père, la religion ne doit pas séparer les hommes mais les unir en un même amour du partage et du respect des valeurs humaines. Malheureusement, la religion sert parfois des ambitions malsaines et réveille la noirceur de certains esprits. Elle peut attiser des haines et conduire à l'appauvrissement spirituel des nations. Il nous faut nous retrouver autour de ce Dieu unique, celui-là même dont nous avons pu ressentir un jour dans les étoiles de notre enfance, la délicatesse du baiser spirituel sur le bord de nos lèvres. Ce Dieu qui réchauffe et qui donne vie et dont la substance divine coule dans nos veines, tel un précieux liquide mielleux. Chrétiens, juifs, musulmans, notre source est la même ! Je suis un croyant universel et je veux tirer le meilleur de tout et de chacun. Je veux croire en la vérité du monde.

— Magnifique, s'écria Antonia. Ta pensée est identique à celle de Catherine ! Et elle est devenue mienne à force de côtoyer cette femme hors du commun. Mais si j'ai adopté cette philosophie, je n'ai malheureusement pas hérité de son talent, talent dont toi aussi tu sembles doté.

On sonna à la porte. Le temps était venu de laisser Antonia vaquer à ses tâches. En l'absence de Catherine, elle avait beaucoup à faire.

— Je reviendrais bientôt, promis-je avant de quitter les lieux.

Antonia était une personne serviable et sa complicité avec Catherine me paraissait évidente. En chemin, j'adressais quelques prières à son intention, lui souhaitant un jour de vivre à son tour sa plus belle légende personnelle.

Mon échange avec Antonia avait réveillé certaines envies. Celle de revoir Marina, mon amour de jeunesse ainsi que Marc, mon éducateur au centre éducatif, fidèle serviteur des valeurs morales. Je me demandais ce qu'ils avaient bien pu faire depuis six mois, nous ne nous étions pas revues. Qu'était-il advenu de mes camarades ? La justice avait-elle condamné ces voyous à cols blancs ? Le directeur, ses acolytes, le maire de la ville…

Mais lorsque j'arrivai au centre éducatif, quelle ne fut pas ma surprise ! Un énorme écriteau barrait la porte d'entrée et annonçait une démolition prochaine. L'endroit était désert. Lorsque six mois plus tôt j'avais quitté le centre, il était question de réhabiliter le lieu en maison de retraite.

Afin d'en savoir plus, je décidais de rendre visite à M. Lee, un chinois d'environ 60 ans qu'il m'arrivait de croiser devant sa maison.

M. Lee me reconnut immédiatement et m'accueillit chaleureusement.

— Je viens de faire du thé ! Entre un moment.

Il avait suivi de près les tribulations judiciaires du centre. Il put donc répondre à toutes les questions que je me posais.

Le centre avait été vidé de tous ses occupants deux mois auparavant. Certains avaient été relogés en appartement comme moi. Les plus jeunes confiés à des familles d'accueil. Il avait été rassuré de voir combien tous étaient ravis de quitter les lieux. Le projet de maison de retraite était tombé à l'eau et il avait été décidé par la région que le centre devait être démoli. M. Lee regrettait cette décision. Il espérait pouvoir se faire des amis parmi les retraités qui devaient être logés dans l'établissement. Il n'avait malheureusement pas de nouvelles de Marc et ignorait où je pouvais le joindre. Lors de ma descente aux enfers, j'avais égaré un certain nombre de choses, dont le numéro de portable qu'il m'avait donné le jour de mon départ. M. Lee savait seulement qu'il avait demandé à être muté dans le sud de la France. La vie en région parisienne ne lui convenait plus. M. Lee avait gardé des coupures de presse relatives aux démêlés judiciaires du centre. Il me les confia :

— Elles te concernent finalement plus que moi.

Je le remerciai d'avoir pu satisfaire ma curiosité et m'apprêtai à prendre congé, lorsqu'il me dit :

— L'harmonie se lit sur ton visage, jeune homme. Ton regard pétille. Tout en toi est paix et harmonie. Ton aura est magnifique. Connais-tu la méditation ?

— Oui ! J'en ai même fait un art de vivre, m'exclamai-je tout à ma joie d'avoir un interlocuteur aussi clairvoyant. Méditer est devenu une pratique naturelle dont je ne pourrais plus me passer. Je vois toute la grandeur du monde sur le bord de mon âme.

— Un conseil de bouddhiste : médite les yeux fermés de temps à autre et tu développeras les sens de l'intérieur comme une belle prière reposante où l'esprit parvient à focaliser toute son énergie.

— Votre grandeur honore bien là votre coutume, je tâcherai de suivre votre conseil.

Sur ces mots, je quittais M. Lee, lui promettant de revenir le voir une fois mon précieux roman achevé. À n'en pas douter, il en comprendrait tous les sens cachés.

M. Lee était un trésor de l'âme. Je regrettai pour lui le projet de maison de retraite n'ayant pas vu le jour. Il aurait pu s'y faire des amis. Il était veuf depuis longtemps et était de l'espèce des hommes pour lesquels le remariage est inconcevable. De la même espèce que mon père.

Je m'installai dans un café pour lire les coupures de presse que M. Lee m'avait confiées.

Il était question de bande organisée, d'escroquerie à grande échelle, de détournement de fonds colossaux. Le nom de Dubois, le directeur, revenait tout le temps. Il avait écopé d'une double condamnation : escroquerie et viol sur mineur.

J'eus une pensée pour le jeune Maxime. Justice était rendue.

Si le comptable et quatre éducateurs avaient été également condamnés, en revanche le maire de la ville avait été blanchi. Il avait démissionné de son poste, profité de son passe-droit. Cette affaire était classée.

À présent, les graines harmonieuses de mon âme me rappelèrent au doux murmure de mon cœur. Retrouver Marina ! Ma Marina. Je devais savoir ce que mon amour de jeunesse était devenu.

En fin d'après-midi, je téléphonais au centre équestre. Comme mon souhait était à tout prix d'éviter Claudine, je dus m'y reprendre à trois fois avant de tomber sur Fatima, une gentille musulmane et cuisinière du centre. Si je n'accordais aucune confiance à Claudine, je savais que Fatima avait toujours été de notre côté, protectrice et attentive. Et comme je l'imaginais, après m'avoir reconnu, c'est sans la moindre hésitation qu'elle me donna des nouvelles de ma bien-aimée.

Marina s'était envolée pour l'Espagne un an auparavant. Elle y avait rejoint sa mère avec laquelle elle avait finalement renoué.

Si dans un premier temps, cette nouvelle me peina, je réalisai ensuite que Marina avait pris la bonne décision. Elle avait trouvé le courage de se réconcilier avec sa mère et d'une certaine façon avait écouté mes conseils. Elle avait fait entendre à Fatima qu'elle reviendrait en France lorsqu'elle aurait de nouveau le cœur léger. Je pouvais donc espérer la revoir un jour. Mais ne m'aurait-elle pas oublié ? Son esprit brillait en Espagne tandis que le mien était en France, bercé par les miracles de la vie. Mais son souvenir demeurait intact dans ma mémoire. Tel un trésor. Même plongé au cœur des ténèbres, je n'aurais pu l'oublier. Nous nous étions aimés et ensemble avions résisté face à l'adversité. C'était mon bel amour. Le plus beau peut-être.

Ce soir d'hiver, avant de m'abandonner au sommeil, je me dis pour la première fois qu'il était peut-être temps pour moi de tourner la page et d'offrir mon cœur à une autre étoile.

Marina courait sous d'autres horizons et je lui souhaitais tout le bonheur du monde.

Nous étions au début du printemps. Les cadeaux légués cette nuit du 27 décembre n'avaient de cesse de me plonger dans une émotion céleste qui semblait infinie. Mon âme pétillait et je vivais chaque jour comme une joie hors du temps, tirant profit de mon don de vision panoramique comme une source d'énergie étincelante.

Les oracles de Catherine se réalisaient. Cette visionnaire de l'éternel avait vu juste. Elle savait qu'en chacun de nous sommeille un paradis spirituel et qu'à l'instar de nos défunts nous pouvons accéder à l'esprit de lumière. C'est là que réside notre propre identité. Les merveilles de la vie ne se monnayent pas et la paix intérieure et ses rêves parfumés ne sont réservés qu'aux innocents. Un oxygène de paradis dans le cœur sage de l'être étoilé.

Outre cette richesse intérieure, toujours croissante, j'avais à mes côtés une belle équipe. Père, Catherine, Antonia, Fatima, M. Lee. Tous œuvraient dans le sens de la raison humaine.

Je devais à l'intrigant M. Lee une promesse. Celle de méditer les yeux fermés. J'étais curieux de voir où me mènerait cet exercice. Il faut toujours respecter le message transmis par les sages.

Un soir, au clair de lune, je me mis en posture de méditation et fermais les yeux. Mon corps entier se mit à frémir. J'étais baigné de lumière et flottais dans un bain océanique où rayonnaient des milliers de couleurs célestes. Ma puissance était à son apothéose. Chaque pore de ma peau était irradié et ces vibrations qui mettaient mes sens si forts en éveil semblaient venir de loin. De très loin. Il y avait bien un Dieu unique qui avait le pouvoir de faire pleuvoir dans le tunnel de l'âme des braves une rivière cristalline où flottaient les secrets du temps et les pétales scintillants de l'eau de la vie. J'étais au cœur du cosmos et je touchais des yeux la vérité. La certitude de l'existence de la vie éternelle. J'étais fou de bonheur.

Grâce aux conseils de M. Lee qui m'avait percé à jour, j'avais pu canaliser toute mon énergie. C'était là la meilleure façon de maîtriser le patrimoine énergétique des trésors de l'âme et de trouver le juste milieu entre l'esprit et le corps, comprendre l'intérieur et l'extérieur du monde.

Ce voyage intérieur m'avait ouvert des horizons. Il était temps de revenir à la vie d'ici-bas. Je voulais à mon tour venir en aide à ceux qui souffraient et partager l'expérience d'Antonia dans la maison de Catherine.

À présent, le terrain des braves m'appelait.

Je savais qu'Antonia, en l'absence de Catherine, ne rechignerait pas devant l'aide que je pouvais lui apporter. Ensemble, nous irions dans la même direction et travaillerions à rendre le monde meilleur. Je me réjouissais d'avance de pouvoir partager sa compagnie et de bénéficier de son émotion féminine qui faisait rayonner au sein de la maison une chaleur particulière.

Pouvoir honorer et respecter son chemin c'est toujours faire un pas vers la victoire finale du bien sur le mal. Faire fleurir les glorieux pétales de chacun. Le saint de notre dévouement ne se dessine qu'ensemble, et c'est ensemble aussi que nous scions la queue du diable.

La dimension invisible du temps doit devenir pensée universelle. C'est ainsi que nous trouverons notre force.

Cette vérité est à partager avec nos amis les anges.

Le premier d'entre eux, évidemment, c'est Dieu.

La maison de Catherine, c'était l'expérience communautaire de l'amour. Les gens venaient là de toute la France, et y revenaient tant qu'ils le souhaitaient. Chacun participait à la vie de la maison. Le frigo était rempli et le café comme le thé coulaient à flots. Baigné dans cette atmosphère joviale, chacun pouvait oublier cauchemar et souffrance. Même M. Lee nous avait rejoints. Désormais, il n'était plus seul.

Nous mettions en pratique la thérapie morale et spirituelle de Catherine et à tour de rôle nous relayons auprès de nos camarades en souffrance. Jamais nous n'abandonnions.

Mémorable trésor spirituel peaufiné dans le miel tendre du code d'honneur, ne jamais lâcher la corde de l'espérance. Vaincre et guérir de nos batailles sur le mal polluant et dévastateur. La bravoure devient alors glorieuse au regard de Dieu.

Tout ce qui m'avait été enseigné dans la maison du Saint-Esprit trouvait sa résonance ici. Et même si je n'étais pas Catherine, la mise en pratique de ses enseignements ajoutée à l'expérience des épreuves jadis endurées s'avérait payante. Je savais trouver les mots pour apaiser les souffrances et me faisais messager de la parole spirituelle.

Tous unis par le sacrément, Antonia, M. Lee et moi-même, riches de nos connaissances spirituelles et de nos secrets, nous faisions des miracles. Et même si nous n'avions pas la compétence de Catherine pour extirper un mauvais esprit d'un corps, nous œuvrions auprès de nos camarades avec succès.

Quel splendide printemps 1998 où mon existence explosait en perles de bonheur !

Chaque jour, avec le plus grand bonheur, je passais six heures à œuvrer pour le bien auprès de mes camarades. Le reste du temps, je faisais du sport et traitais les affaires courantes. Il me semblait être élève à l'école de la vie et porter sur mes épaules le cartable spirituel de l'âme.

C'est précisément à cette époque-là que je vécus une nouvelle expérience qui m'emplit d'une joie intense et donna à mes 20 ans une dimension inoubliable : les voyages astraux.

En avril, au cœur du printemps, en plein rêve nocturne où l'esprit un temps se libère de son enveloppe corporelle, baigné de lumière de la tête aux pieds, je fis mon premier voyage qui me conduisit à la vitesse de la lumière droit vers une galaxie nouvelle. Sur un fond noir pétillant, la sublime fresque bleue marine de l'univers et ses étoiles brillantes éclairaient l'espace, où coulaient des rivières cristallines en plein cœur du cosmos. Des feux d'artifice en ébullition dans le vivant magistral de l'univers, c'était là l'œuvre de Dieu, alchimiste de génie. Léger comme une étoile filante, je marchais dans ce décor féerique et y respirais normalement. Sur une falaise blanche, des gens de toute race et de toute culture m'invitaient à les rejoindre. Soudain, j'aperçus une magnifique licorne blanche et ailée. C'était une femelle. Je la caressais, fou de joie dans ce décor où les lumières de la nuit et du jour se mélangeaient en tons orangés. Son regard émeraude se fonda dans le mien. Je compris qu'elle m'aimait autant que je l'aimais et qu'un coup de foudre venait de se passer entre nous dans le mystère dimensionnel des secrets de l'univers.

D'un pas paisible, un homme enveloppé de lumière s'approcha de nous.

— Tu l'aimes, cette licorne, c'est évident, jeune homme ! Cela saute aux yeux.

Je me nomme Arthur et toi tu es Harris. Je te connais bien, ne sois pas surpris.

Cette licorne se nomme Sandra. Merci à toi de t'en être approché si délicatement. Cette créature céleste qui peuple les rêves de notre enfance est l'une des réelles merveilles du Paradis.

— Je suis au Paradis. C'est magique autant que merveilleux. Je suis là dans mon esprit lumière et cette licorne m'hypnotise dans son éternité.

— Tu as tout compris ! L'émotion immortelle des sens t'a très vite gagné. Même au Paradis, il y a des lois à respecter. On ne viole pas le droit d'autrui au même titre que celui des créatures célestes. Tu l'as compris en ne montant pas sur cette licorne et en faisant preuve de patience. Tu as su lire dans le regard de Sandra. Où as-tu appris le langage des yeux ?

— C'est mon père qui me l'a enseigné. Et si même je n'ai pas son niveau, j'ai toujours préféré le silence de cette compréhension spirituelle aux mots. J'aime l'émotion qui s'échappe de la lecture de l'âme. Il y a tant de mystères à découvrir.

— Nous nous comprenons vite toi et moi, et nous avons beaucoup de points communs. Maintenant, parlons de ce voyage fabuleux qui t'a conduit vers Dieu et moi. Nous savons tout des déboires que tu as connus avec le monde paranormal et les épreuves de ta vie en société. Comme tu t'en doutes, ce que nous vivons est une réalité.

Tu es sorti vainqueur et les pouvoirs spirituels ont fini par vaincre l'invisible et ses démons. Tout ceci n'est plus qu'une histoire ancienne. Tu as su tirer une leçon de tout cela et retenir le principal.

Tu as à présent des dons spectaculaires, mon garçon. Et ton esprit t'emportera toujours vers les rêves les plus magistraux. Bravo Harris.

Mais il y a toujours un roc pour briser le chemin des braves. Nous savons que ces mauvaises épines qui injustement frappent ton existence te donnent de l'inquiétude. C'est humain même avec un grand pouvoir spirituel comme le tien.

Je te rassure jeune homme ton avenir sera coloré, même s'il est vrai qu'ici-bas on t'a privé du droit à ta vocation, tandis que tu ne demandais qu'un cheval pour devenir agent équestre. Et même si tu as réussi ton examen, tu as vu ton rêve d'enfant anéanti à cause d'un vulgaire bout de papier. Les rêves des justes sont ainsi parfois violés.

C'est pourquoi le Paradis t'offre aujourd'hui cette fidèle licorne, que de temps en temps dans tes voyages astraux tu monteras. Et lorsque tu nous rejoindras, elle sera toujours là pour toi. Sandra est bien vivante.

— Merci infiniment pour ce cadeau précieux et ce voyage qui m'a conduit vers toi. Mais pourquoi tant de ferveurs à mon égard ?

— Pour ce que tu es. Pour ton cœur victorieux et ton esprit céleste. Parce que tu ne faillis jamais, même devant l'insoutenable. Tes dons sont mérités. Avec l'aide des anges, nous ouvrons le chemin de ton avenir. Tu vas aider beaucoup d'hommes et de femmes. Grâce à toi, leur tristesse se dissipera et tu les libéreras des sortilèges. Tu laveras du poison les cœurs saints. Tu compatis à la souffrance de l'autre et sans répit te bats à leurs côtés. Les secrets de la vie ont élevé ton âme en apothéose.

Depuis toujours, tu crois à l'existence du Paradis. On t'a poussé à vendre ton âme au diable, mais jamais tu n'as perdu foi.

Nous te connaissons ainsi que ton père. Nous supervisons tout depuis les quelques communautés lumière qui demeurent encore à travers le monde. Elles éclairent l'univers et sont comme un couloir angélique pour tous les braves.

Crois-moi, mon garçon, la Terre se portera très bien et pour des décennies encore, la télécommande de la vie éternelle c'est Dieu qui l'a toujours tenue. Personne d'autre.

— Mais qui suis-je réellement ?

— Tu es un alchimiste du bonheur, et cela depuis ton enfance. Même les ténèbres ont craint ce sourire de l'héroïsme qui est le tien.

Tu es celui qui a toujours su faire des étincelles dans les cœurs des vaillants. C'est uniquement ce dont le monde aujourd'hui a besoin pour respirer ce qui a toujours été le véritable parfum de la vie. Tu n'es pas le seul à le servir.

L'âme étoilée de l'innocent et sa terre promise qui lui a couramment marié son cœur, les illustres jardins d'édens des justes se verront abreuver de toutes leurs promesses.

Le bien a toujours triomphé sur le mal donc, quel que soit le temps de la décennie qui l'enveloppe dans tout son mystère, il finit toujours par retrouver les ailes astrales de son excellence.

Parfumer de sa plus belle victoire Dieu et les anges, bâtir la chaumière arc-en-ciel de l'imbattable esprit lumière. La meilleure création humaine de notre créateur.

— Il n'y a pas un jour qui passe sans que je remercie Dieu. L'éternité de l'âme demeurera ma plus belle surprise. Quel trésor !

— Tu l'as dit, impossible de nier que nous sommes bien éternels. C'est ainsi dans le camp des braves. Quel que soit son rang ou son savoir, chacun a droit au paradis. Ici, le temps est infini et il y a toujours quelque chose à enseigner à son prochain. Même le boulanger apprend au maître spirituel à faire le pain.

C'est tout cela la communauté lumière, tout le monde partage et donne de soi. La vie continue même au paradis. Vivre pour le plus beau mystère de cette vitalité qui ne cesse de définir qui nous sommes, nous rappelle à quel point même notre existence sur terre était finalement la plus belle des vies. Justement parce que nous étions vulnérables et mortels, nous nous respections malgré toute la difficulté du monde. Nous savourions chaque instant comme s'il devait être le dernier.

Nous mourions, vaillants et impatients, de retrouver enfin notre réelle perception, la chaumière arc-en-ciel de l'âme étoilée. Le bijou sacré de toute son immortalité.

Oui, regarde, mon cher ami, comme les gens sont si heureux en bas de la falaise. Quelles que soient leurs coutumes, tous rayonnent dans leurs esprits lumières. Ni différence ni frontières.

Seule la bravoure saine de la pensée universelle restera à jamais la meilleure main pour toucher l'innocence de son créateur.

La vérité, nous l'appelons Dieu ou l'Éternel. Mais en signe de sa plus grande générosité, de la valeur suprême qu'il nous porte, alors même Dieu a droit à un nom. Le Mystère. Qu'en penses-tu, jeune Harris ?

— Je t'avouerais ne m'être jamais posé cette question. Mon père et moi croyons en un Dieu unique. Cependant, je me souviens un jour avoir croisé un chrétien empreint d'une grande gentillesse, et ce qu'il me confia était hors de prix.

Ce grand monsieur, tandis que j'étais à la dérive en proie à de grandes souffrances, m'apprit à tirer profit de mes ressources. C'est dans les valeurs morales, le respect et l'amour de l'autre que nous nous fortifions. L'action suit derrière comme un illustre chandelier.

Nous consolidons ainsi dans le même temps notre moteur de l'âme, elle qui ne renonce jamais à la sollicitation de l'effort. La leçon que cet homme m'a donnée a réveillé de nouvelles énergies vitales. Jamais, je n'oublierai cet homme.

Alors j'ai aimé toutes les cultures, du christianisme de la maison du Saint-Esprit de mon enfance, aux dix commandements de Moïse, la sagesse des bouddhistes, la bravoure des musulmans, maintenant vous.

À vingt ans, je suis couronné ! Effectivement, Dieu a droit à un nom. Avec la plus grande joie du monde : merci, Le Mystère. Et à toi aussi Arthur, merci.

— T'es vraiment incroyable ! Tu vas droit au but. Toujours vif sur les lignes de l'horizon, elles se sont toutes bien mariées à ta lumière.

Je comprends mieux pourquoi Le Mystère t'aime, tu ne perds jamais de temps.

Tu aimes le merveilleux et l'instant présent. C'est tout ce qu'il faut retenir.

Tu vois, Le Mystère n'est pas un dictateur comme certains le pensent sur terre, il est aimant et toi, tu l'as très vite compris.

Félicitations, jeune homme. Tout cela est le fruit de la pensée universelle des gens qui savent aimer et rendent le monde meilleur. Le prix Nobel de l'excellence c'est avant tout la victoire sur soi.

Le brave triomphe toujours.

Nous nous reverrons. Je ne sais pas quand mais c'est sûr, nous nous reverrons.

Je t'aime déjà comme mon petit frère. Profite de ta belle vie, tout se passera bien.

Merci, Harris.

— Quel honneur d'avoir un grand frère tel que toi ! Ce voyage astral m'a mis des papillons plein la tête.

Un sacré cadeau d'anniversaire 1998 ! Licorne Sandra peinte au centre de l'univers, des gens en bas en esprit lumière, l'émotion paradisiaque…

Mille fois merci de m'avoir soufflé l'idée de donner un nom à Dieu. Le Mystère me convient très bien. Ce nom, je l'aime déjà.

— Tu es sur le bon chemin, petit frère.

Aussi vif que l'éclair, je me réveillai. Aussitôt, je me demandai comment il était possible de passer d'une dimension à l'autre en seulement quelques instants, et ce, uniquement grâce à l'esprit lumière.

Arthur avait raison de souligner que la télécommande céleste de la vie éternelle et ses secrets interdits étaient seulement la propriété du Mystère.

Fatigué de me questionner, je décidai de profiter du miracle sans chercher à en savoir davantage.

Tout ne doit pas être compris ou expliqué. Remercions simplement l'Éternel.

Après cette raisonnable réflexion, certes matinale, je me levai, des étoiles plein la vue, et grâce à la vision panoramique, le regard cosmique sur le monde prenait à présent une proportion intergalactique tout à fait incroyable.

Le Mystère m'avait doté d'un sacré scanner de l'âme. C'était peut-être là une façon de me remercier pour ma foi en ses horizons universels. Quel sublime cadeau, me dis-je !

Je regagnai la maison de Catherine. En chemin, je me remémorai ma rencontre avec Arthur et ses mots résonnaient à mes oreilles comme une belle mélodie. C'est plus libéré encore que j'avançais sur le chemin des braves, définitivement sûr de ma vocation : rendre victorieux le bien sur le mal. Aider les siens, c'était ça le sens de la vie.

Les deux mois passés dans la maison de Catherine me motivaient à poursuivre dans cette voie. J'avais 20 ans et toute la vie devant moi. Même si j'apprenais beaucoup du bénévolat, je ne perdais pas de vue mon objectif : devenir agent équestre. Mais il me fallait attendre encore deux années pour obtenir ma naturalisation.

Tout comme l'avait souligné le prince Arthur, j'étais effectivement ce genre de garçon qui aime aller droit au but sur les lignes des horizons, et celles de Catherine pour le moment me convenaient parfaitement. Puis, à présent, il y avait Sandra, l'antique licorne, ancêtre de nos illustres chevaux. Sa signature céleste dans mes voyages astraux pouvait redorer en effet cet échec en société.

Le proverbe parle de lui-même : dans la vie, il faut savoir donner sans attendre en retour afin de pouvoir recevoir ainsi sur la durée. Sur ce point, ma vie spirituelle se trouvait être d'une très grande loyauté, il fallait continuer pour un temps encore dans la maison de Catherine où j'avais lié de fortes amitiés.

Un jour, un jeune homme de 1,90 m très affaibli au regard flou et perdu frappa à la porte de la maison de Catherine. Il était accompagné de deux jeunes gens.

Je les fis asseoir et me présentai :

— Je suis Harris. Enchanté de vous connaître.

L'un d'eux se présenta à son tour :

— Je suis Nicolas et voici mes amis Julien et Hakim. C'est le cas de Julien qui nous mène ici. Avons-nous une chance de voir rapidement Catherine ?

— Je suis désolé mais Catherine est absente, elle sera de retour en juillet. En attendant, je propose que nous voyions ensemble ce qui pourrait soulager Julien. Il a plutôt l'air mal en point.

Si nous échouons à le guérir, Catherine prendra le relai dès son retour, qu'en pensez-vous ?

— C'est sûr, on ne peut pas laisser Julien dans cet état, répondit Nicolas. Tes paroles sont si fermes et pleines de raison, tu as l'air de connaître la souffrance.

— Tu ne te trompes pas Nicolas, ce terrain est toute ma vie. Dans cette maison, même en l'absence de Catherine, nous faisions sincèrement des miracles. De quoi souffre Julien réellement ? Quels sont ses troubles ?

À ce moment-là, Hakim prit la parole :

« De la peur du monde, des gens, des voix dans sa tête, il lui arrive même parfois de ne plus tenir sur ses jambes. Il tremble comme tu le vois là maintenant. Tout cela est très triste pour notre ami d'enfance. C'est comme ça depuis trois mois, même son psychiatre reste confus dans ses conclusions, et les médicaments n'ont fait qu'empirer son état.

Julien a fait de mauvaises rencontres. Nicolas et moi-même n'avons rien vu venir. Il s'est passionné pour l'Islam, mais malheureusement a eu de mauvaises instructions. On lui a enseigné des choses sans aucun rapport avec la véritable parole du Coran. C'est certain, nous avons manqué de vigilance envers notre ami. Il est fils unique, son père souffre d'un cancer en phase terminale. Quant à sa courageuse mère, elle est complètement débordée par le travail et dépassée par cette situation. Il faut vraiment que Julien guérisse, il ne mérite pas tout cela.

Lui qui avait juste souhaité aimer le coran, je prie fort Allah pour qu'il lui accorde la guérison. Je suis de ton avis Harris, unissons nos forces pour nous faire aussi pardonner par Dieu de la négligence que nous avons eue envers notre ami. Tu es d'accord Julien pour travailler en équipe ? »

— Évidemment Hakim ! La question ne se pose même pas, je ressens la même peine dans le cœur. Et Harris, je l'aime bien, on remarque tout de suite dans ses yeux quelque chose de scintillant qui l'anime. Son teint mystérieux… moi j'aime ça. On commence Harris ?

— Tout d'abord, j'aimerais savoir si Julien trouve facilement le sommeil. Lui arrive-t-il de se sentir posé moralement ?

— Ça dépend des jours, répondit Nicolas. Par ailleurs, heureusement, de temps en temps, il arrive à se sentir posé moralement et à être rationnel dans ses dires. Il y a de la volonté dans cet espoir, et malgré ses souffrances, Julien est tout de même un combattant.

Il ne faut pas oublier que notre ami est avant tout un joueur de rugby. Une énergie de vainqueur, ça ne se perd pas comme cela. J'aime à croire qu'Allah ne l'abandonnera pas, notre ami est comme un orphelin pour nous. Dieu ne délaisse jamais le juste orphelin.

Le Coran le dit lui-même, ils sont tous sacrés, et c'est sacrilège de les briser.

C'est pourquoi nous honorons Nicolas et moi notre devoir, Julien a encore de la raison pour s'en sortir.

— Très bien, c'est plutôt une bonne nouvelle, la solution serait aussi de me le confier pour une nuit. J'en saurais davantage sur lui et serais donc mieux paré pour le comprendre. Vous ne le regretterez pas. Je lui offrirais le meilleur de moi-même.

— Julien, souhaites-tu rester avec Harris, demanda Hakim d'un ton fébrile.

Julien répondit :

— Oui, pour cette nuit, je veux bien rester avec Harris. Je ne sais pas comment dire cela mais j'ai confiance en lui.

— Si Julien a pu répondre de cette manière, s'exclama Harris, on peut se montrer optimisme pour les jours à venir. Je suis comme vous les gars, j'aime à croire que Le Mystère m'est aussi familier que vous. Vous êtes de véritables amis pour agir ainsi. Le Mystère l'aimant, merci pour toujours.

Nicolas lâcha aussitôt :

— Purée ! Toi, tu as l'air de connaître Dieu !

— Je l'aime, c'est tout, comme vous l'aimez aussi, répondit Harris. Alors, nageons tous dans la même sphère et emportons avec nous Julien que je considère déjà comme un ami. Vous pouvez repartir serein. Demain, je vous le ramènerai. Dites-moi seulement où je dois me rendre.

— À Gennevilliers, répondit Hakim. On fera comme ça : la journée, on te laisse et le soir on veille sur lui. Nous verrons bien où cela nous mène. Cela te va, mon ami ?

— C'est parfait Hakim ! Merci à vous et à demain sans faute.

— Oh, toi tu ne peux pas savoir comme nous sommes rassurés, conclut Nicolas. Je ne sais pas trop comment l'expliquer. C'est une sacrée rencontre.

Merci et à demain, mon ami.

Après le départ de nos amis, et comme il était près de midi, je décidai d'inviter Julien à déjeuner chez moi. Avant de partir, je laissai un mot à Antonia lui expliquant ma rencontre avec Julien et l'urgence qu'il y avait à le soigner.

Marcher vingt minutes sous ce beau soleil printanier ne pouvait être que bénéfique pour Julien. Sur le chemin, je lui apprenais les lignes de l'horizon et leurs vertus, sources d'énergie positive. Apparemment, mon ami accordait très facilement son cœur à la couleur céleste du monde. Nous arrivions à nous comprendre, même si je remarquai qu'il craignait effectivement la foule.

Julien chuchotait plus qu'il ne parlait mais je sentais de la force en lui et j'avais hâte de le délivrer de son mal.

Après le déjeuner, je lui laissai mon lit et il s'endormit rapidement. Je remarquai avec satisfaction qu'il se sentait bien chez moi. C'était un très bon début.

Il faisait déjà nuit lorsqu'il se réveilla. J'étais en train de faire brûler de l'encens dans l'appartement. Aussitôt, il me questionna :

— Qu'est-ce que tu fais ?

— Je chasse les mauvais esprits. Ils détestent l'encens.

— Merci de m'avoir accueilli chez toi. Je me sens bien ici. Le décor est apaisant.

J'étais ravi.

— Si je comprends bien, tu rencontres des difficultés avec l'extérieur. Comment tout cela a-t-il commencé ? Es-tu prêt à en parler ?

Julien m'expliqua alors que sa descente aux enfers avait débuté 3 mois auparavant. Les raisons de cette souffrance demeuraient mystérieuses. Avant, il était heureux de vivre, pratiquait le rugby. Puis, tandis qu'il était chrétien, il s'intéressa à l'Islam. Malheureusement, il fit de mauvaises rencontres.

— C'étaient des extrémistes parmi tant d'autres qui dans le monde pourrissent aussi la vie des gens. Ils ont l'art et la manière de t'endormir. Ils te font des nœuds dans la tête et tous les mots se mettent à batailler sans fin. Mon esprit depuis ne cesse de lutter pour retrouver le silence et la paix. J'ai brisé l'harmonie de ma famille et les médicaments que je prends affaiblissent tous mes sens. Et quand je suis en contact avec la foule, j'ai l'impression d'étouffer.

Malgré son état, Julien trouvait la force d'exprimer les causes de sa souffrance. C'était encourageant. Je reconnaissais en lui une volonté semblable à la mienne. Je le questionnai sur les propos des extrémistes.

— Je devais adorer Allah et rien d'autre. Sinon, le Paradis me serait interdit…

— Nous allons remettre les mots à leur place, retrouver la douceur des lignes et t'aider à renouer avec l'innocence de l'âme. Ton mal n'est pas si grave. Pas de djinn ou d'esprit frappeur. Juste une conscience désordonnée. Sache que le liquide mielleux qui jaillit des veines des croyants est le même. Que tu sois chrétien, juif ou musulman. La querelle dans la croyance est la plus grande bêtise du monde, car si nous étions unis nous aurions depuis longtemps déjà coupé la queue du diable. C'est idem en politique.

Le libre arbitre, c'est tout cela, Julien. La pensée universelle de l'innocence des mots qui ne font qu'un, comme Dieu l'unique. J'ai découvert il y a peu le nom de Dieu. Le Mystère. J'en suis heureux. Mais cela ne change rien à la croyance universelle. Tu es sur le bon chemin, car tu es un combattant. Jésus autant qu'Allah te donnent la force dans ta quête.

Mes paroles revigorèrent Julien. Je lui proposai un bon lait chaud au miel et lui fis promesse de l'accompagner tout au long de la nuit. Rassuré et apaisé, il s'endormit.

Avec Le Mystère, Catherine et tous nos amis, Julien ne serait plus jamais orphelin, il avait désormais avec lui la pensée universelle de tous. Une belle armée pour soutenir notre ami. Plus personne ne viendrait violer sa gentillesse et sa sincérité. Il était à l'abri.

Le lendemain matin, Julien se réveilla fort enthousiaste. Les vertus du lait-miel lui avaient permis de dormir sans médicaments. Tout de suite, il pensa à sa mère. Elle en serait la première heureuse. Déjà, il avait réussi à remettre de l'ordre dans sa tête et savourait les enseignements de la pensée universelle. Il avait hâte, désormais, de redécouvrir les couleurs de la vie.

Il voulait, avec mon soutien, affronter la foule. Sans perdre de temps, nous nous rendîmes à la maison de Catherine où je lui présentai Antonia et M. Lee. Puis je lui proposais d'aller au centre commercial. La foule vivante du monde se trouvait là réunie autour de la satisfaction des mêmes besoins : manger et se vêtir.

Une fois sur place, Julien changea de comportement. Son pas se fit lourd, il s'agitait, grelottait. Conscient que l'exercice lui coûtait beaucoup et pouvait risquer d'entamer sa belle humeur du jour, je mis fin à notre balade dans le centre. Nous devions franchir les étapes une à une. Il le comprit très bien et me dit en souriant :

— Nous essaierons une autre fois. Ce n'est pas une défaite mais un entraînement !

Je n'étais pas inquiet pour Julien. Dieu était à ses côtés. La guérison était proche. Nous achevâmes cette journée dans un parc et, à 18 heures, on le ramenait à Gennevilliers. Quand Nicolas nous accueillit à la gare, il fut surpris de constater que son ami allait déjà mieux.

J'avais prévu avec Julien d'essayer, dès le lendemain, la méditation. Nous devions suivre le même programme au quotidien : lait chaud au miel, sport, méditation et promenade.

Nous tenterions le centre commercial dans quelque temps. Et si nous échouions encore, alors Catherine prendrait le relais.

J'avais appris que Hakim et Nicolas, les amis de Julien, étaient animateurs auprès d'adolescents. C'était sans doute pour cela que nous nous entendions si bien et nous étions en parfaite synchronisation.

Il fallait broyer les résidus du poison qui avait infecté le cerveau de Julien et l'aider à retrouver le calme de l'esprit.

Cette nuit-là, je vécus mon deuxième voyage astral. De nouveau, mon âme était plongée dans le décor de l'univers, mais pour la première fois volait dans l'espace. Je remerciais Dieu de m'offrir ainsi ce don de se régaler dans le creux de la grâce intergalactique.

Je volais donc dans une beauté éclairant le chemin sans crainte de me perdre. Je voyais pétiller ce bijou qu'est notre mère la Terre. Elle me semblait à la fois petite et grande dans le royaume des perles vivantes qui la colorent. Mon voyage me conduisit vers quelques enfants qui par miracle pouvaient me voir. Ils me faisaient de petits signes dans la lumière du jour. À mon tour, je les saluais et faisais le clown. J'aurais voulu les approcher mais une ligne infranchissable séparait la terre du reste de l'univers. Et si les enfants me voyaient, en revanche j'étais invisible pour les adultes. Nous nous amusâmes ainsi pendant quelques minutes, à la frontière entre terre et galaxie, quand Sandra la licorne apparut. En la découvrant, les enfants s'émerveillèrent. Oui, Sandra, la licorne de l'espace existait bien. Des images féeriques qui les habiteraient pour toujours, une chance pour nous tous.

Le Mystère nous avait bien gâtés… un voyage astral inoubliable partagé avec le rêve des enfants.

Pour les remercier, je montais Sandra, m'accrochais à sa magnifique encolure et leur souriais pour l'éternité. Un sourire qui alla droit dans leur cœur. Puis je pris mon envol. Je compris que c'était une école. Ils étaient à l'abri dans le paradis de l'âme et ils venaient de vivre quelque chose d'une incroyable intensité.

Au réveil, mon esprit lumière regagna son enveloppe corporelle, toujours sans en comprendre la clé qui l'en libère. Ces formules sont à Dieu.

En ce nouveau jour, je devais aider Julien à poursuivre ses efforts. Sous le ciel de ce splendide printemps, après avoir salué Antonia et M. Lee, je le rejoignis à vélo, à Gennevilliers.

Le vélo et la musique ont toujours tenu une grande place dans ma vie. Dans mon MP3, la musique crépitait tels mille feux d'artifice faisant frissonner les trompettes mélodieuses de l'âme. La musique a toujours sa place auprès des vaillants. Bravo aux artistes saints en ce princier printemps.

Au bout de deux semaines, Julien avait fait beaucoup de progrès, et nous avions convenu d'attendre encore pour nous rendre au centre commercial. Les remèdes naturels alliés aux règles de vie que nous nous imposions avaient de très bons effets sur le quotidien de notre ami. Là aussi, la musique avait son importance.

Entre Julien et moi, l'amitié grandissait. Nous savions que nous serions désormais amis pour la vie. Notre vision du monde était assez semblable. Il était d'une grande générosité et souffrait de la misère qui touche les plus démunis. Souvent, il offrait pain et friandises et savait partager dans la grandeur du monde. À force de le côtoyer, j'avais compris que Julien était une belle âme.

Il voulait vaincre sa phobie, et sans qu'il le sache je pariais déjà une pièce sur son cœur de gagnant.

Un matin, tandis que je rejoignais Julien, je m'arrêtai à la poste pour y retirer de l'argent. J'avais à peine eu le temps d'introduire ma carte dans le distributeur qu'une lisse de billets en sortait. Cinq cents euros ! Une banque qui donne de l'argent, ça n'existe pas, même dans les films ! Je réalisais soudain que cet argent devait appartenir à la dame qui se trouvait au guichet juste avant moi. Les billets à la main, je la rattrapai.

Elle me remercia vivement. C'était l'argent des allocations familiales. Un jeune garçon vint à notre rencontre. C'était précisément son fils. Je le connaissais de vue, je l'avais déjà croisé dans le quartier.

On fit les présentations. Il s'appelait Mickaël et sa mère Catherine. Un bien joli prénom, décidément.

Quelques jours plus tard, je trouvai devant le Crédit Mutuel, une enveloppe contenant huit cents euros ! Je partageai cet argent sans destinataire ni mémoire avec mon ami Julien. Ainsi, nous pûmes nous divertir, manger dans les grands restaurants de la ville… Et vint le jour où il lui fallut affronter sa phobie.

Hakim et Nicolas, qui pendant tout ce temps avaient pris le relais la nuit auprès de Julien, étaient venus l'accompagner. Ainsi escorté, Julien fit son entrée dans le centre commercial. Et c'est avec la sérénité d'un moine qu'il fit le tour de la galerie. Il était guéri ! Il revenait à la vie.

Hakim et Nicolas décidèrent immédiatement d'aller fêter cette victoire au restaurant. Nous étions si fiers de Julien. Et à n'en pas douter, ses parents le seraient également.

— Aujourd'hui est un grand jour, dit Julien. Grâce à la prière et à la méditation, j'ai soulagé mon âme et retrouvé la maîtrise de ma conscience. Merci à vous pour votre présence à mes côtés.

J'étais sûr que ce garçon irait loin dans la vie. À Gennevilliers aussi, il y avait une communauté lumière, avec de beaux fruits capables d'éradiquer l'extrémisme.

En rentrant chez moi ce soir-là, je me sentais l'âme d'un vainqueur. J'étais submergé par l'émotion. Dans le parc voisin de mon immeuble, je levai les bras au ciel et, les larmes aux yeux, je criai au Mystère tout mon amour. 5 mois avant, moi aussi j'avais connu les souffrances et la descente aux enfers, mais en ce beau mois de mai j'irradiais de lumière. Avec la guérison de Julien, j'atteignais l'apothéose.

Juin 1998. Mon père serait bientôt de retour de l'étranger. J'étais à jour de mes loyers, soutenu encore par l'état jusqu'à mes 21 ans. Et puis je savais que je pouvais compter sur mon père, au cas où... Mon juge était vraiment quelqu'un de bien. Ainsi soulagé financièrement, je pouvais consacrer mon temps aux autres.

Un jour dans le RER, je trouvais un sac de sport entrouvert. Il contenait des vêtements d'enfant. Un pensionnaire ou un orphelin, me dis-je.

Il devait avoir dix ans et l'étiquette apposée sur ses vêtements révélait qu'il s'appelait Pierre. Curieusement, il me faisait penser à l'enfant qui avait été dans la maison du Saint-Esprit. Ce sac, riche de mémoire, devait retrouver son propriétaire. Je le déposais à l'accueil de la gare en espérant que Pierre reviendrait le chercher.

Telle était ma paisible routine. Faire mon devoir, faire de beaux rêves, profiter de mes dons et espérer un monde meilleur pour tous. J'avais toujours désiré cette vie-là peut-être même depuis le ventre de ma mère. Enfin, je retrouvai mon père ! Il m'avait tant manqué.

Je me rendis chez lui à Paris. Comme d'habitude, lors de nos retrouvailles, je lui racontai tout ce j'avais vécu pendant son absence. Julien, les voyages astraux, Arthur, Sandra... Pour mon père, les religions n'avaient pas de secrets.

— C'est un sacré voyage que tu as fait là !

— En faisant ce voyage, le nom de Dieu m'a été révélé. Le Mystère.

— Tout le bonheur du monde est avec toi. Je te suis, mon fils. Le mystère me convient parfaitement. Ce soir, c'est fête ! Allons au restaurant fêter nos retrouvailles.

— Tu es un rapide, toi !

— Tel père, tel fils ! Ah ! j'ai oublié de te dire... Il y a un message pour toi sur le répondeur. Une certaine Marina.

Je me précipitai sur le répondeur pour écouter le message. C'était bien Ma Marina !

Elle m'avait retrouvé. Décidément, ce printemps 1998 était incroyable.

Après une belle soirée passée avec mon père, j'appelai Marina. Mon amour de jeunesse avait peut-être une chance de survivre. Elle souhaitait me revoir dans un mois, au Puy-en-Velay, là même où nous avions vécu notre belle histoire.

Ce soir-là, je m'endormis avec à l'esprit, les yeux turquoise de mon cher amour. C'était un régal de se la remémorer.

Le lendemain matin, Père m'annonça qu'il restait six mois en France avant de repartir à l'étranger. Comme il avait confortablement gagné sa vie au cours des derniers mois, il avait pu économiser. Nous étions donc à l'abri pour un moment.

Je profitai du séjour de mon père pour lui présenter M. Lee. Dix années seulement les séparaient. Ils s'entendirent tout de suite très bien, ce qui me remplit de joie. Sur leur visage, on pouvait lire une sagesse commune. Mon père qui avait peu d'amis fut touché par cette rencontre. Antonia était aussi de la partie. Ce fut un moment de rire et de bonne humeur. À la fin de la journée, mon père laissa couler une larme. Son regard exprimait tout le mystère du monde. Yeux dans les yeux, nous nous comprîmes immédiatement.

Il découvrait mon quotidien, les gens dont j'avais su m'entourer et comment, malgré le chômage, j'occupais utilement mon temps.

Il était fier de moi, de mon implication au sein de la maison de Catherine. C'était le message que délivrait cette larme sur sa joue. À mon tour, et avec les yeux, je lui exprimais ma reconnaissance. Je n'avais fait que suivre ses pas et tirer un enseignement de ses leçons et de son courage. Son trésor coloriait mon cœur.

Durant ce printemps 98, nous rattrapâmes le temps perdu. Nous nous partagions entre loisirs et bénévolat. Notre belle communauté grandissait dans l'entourage magique de Catherine.

Un peu avant le retour de celle-ci, je gagnais 2500 euros au loto. Cet argent tombait plutôt bien pour organiser des vacances d'été. Ce n'était pas la fortune, mais c'était un bon début pour un jeune comme moi. Le prince Arthur disait vrai : ma vie et son espace seraient radieux. L'avenir dans cette société réserverait encore bien des surprises et des luttes pour le bien. J'étais bien sûr le bon chemin.

Je repensai à cette femme rencontrée dans le bus, cinq mois auparavant. Nous avions parlé en attendant notre station. Elle était africaine, femme de ménage et me dit souffrir de racisme au sein de l'entreprise qui l'employait. J'étais bouleversé par ses propos.

Je voulus la soulager en lui faisant part de quelques secrets spirituels et lui livrai mon opinion sur la réalité de la couleur africaine.

— Le noir est le fond pétillant de l'univers. Sans cette couleur, nous n'existerions pas. Les couleurs expriment la diversité de la création et si par malheur, l'une d'elles venait à manquer, tout s'effondrerait. Chaque couleur a son rôle et fait partie de la palette du grand artiste Dieu l'Éternel.

Mes paroles la réconfortèrent. C'était la première fois qu'elle entendait ces mots comme venus de loin. Elle se sentait soudain fière d'être noire. En lui révélant l'origine des couleurs, elle disposait à présent d'une arme de défense face au racisme.

Avant de descendre du bus, dans un sourire, elle me dit de tenter ma chance au loto.

Avec l'argent du gain, j'offris quelques cadeaux à mes amis et ainsi qu'à Pénélope que je n'avais pas revue depuis cinq ans. Ma tante de mieux en mieux avait changé. Je gardai le reste pour des vacances.

Le 7 juillet marquait le retour de Catherine. J'étais pressé de savoir si elle remarquerait cette lumière divine qui, depuis le 27 décembre, jour de ma rencontre avec l'ange, émanait de moi.

Comme j'aurais aimé connaître le nom de cet ange. Heureusement, j'avais gardé en mémoire son doux parfum avec lequel, certaines nuits, je m'endormais.

Je retrouvais enfin Catherine.

— Tu m'as bien eue, canaille ! dit-elle en m'accueillant. Antonia m'a tout raconté. M. Lee, Julien, tes nouveaux dons, tes voyages astraux… Tu as fait un merveilleux travail ici. C'est une réussite totale. Je vois que tu es désormais complètement enveloppé par la lumière de l'âme. Félicitations ! Cela signifie que tu as pu atteindre les plus hautes sphères. Bravo pour ta précocité spirituelle.

— Cela me ravit que vous, Catherine, voyiez cette lumière. Personne avant vous ne l'a remarquée. Pas même mon père. Je trouve cela étrange…

— Je comprends ta frustration. J'ai connu la même. Nous aimerions que nos proches perçoivent notre réalité, tel que Dieu nous a faits. Avec notre esprit de lumière et nos secrets.

Tu sais, j'ai tout de suite remarqué que ton père a l'art de communiquer avec le silence des yeux. C'est un des dons les plus élevés au regard de Dieu. Cette lumière, il la connaît. C'est pourquoi il est si paisible. Mais un jour viendra, quand le créateur l'aura décidé, nous nous verrons tous dans nos esprits étoilés.

Ton père t'a enseigné le plus beau langage du monde, celui de comprendre l'autre d'un seul regard.

Ton père voit sans doute ta lumière et s'il ne dit rien c'est parce qu'il souhaite que tu vives normalement, en profitant du bonheur sur terre et veut te tenir éloigner du paranormal. C'est très intelligent de sa part. Voilà qui est ton père : un homme bon drapé dans un étrange silence. Peut-être te révélera-t-il un jour ses secrets. En attendant, réjouis-toi d'avoir un père tel que lui.

— Il sera toujours mon héros. Et vous, vous avez l'art du langage céleste.

— Ta légende ne fait que commencer, mon garçon. Désormais, tu es tout ancré dans le mystère de ton esprit de lumière. Nous nous reverrons à ton retour de Grèce. J'aurai des choses à te dire. Tu ne seras pas déçu. Je sais par Antonia que ton père et toi partez quelque temps au pays. C'est enfin le moment pour toi d'écrire ton livre.

— Nous allons partir quatre mois. Nous voulons respirer l'air de notre pays et retrouver notre maison. Je sais que je n'aurai pas le temps d'écrire la totalité de mon livre, mais c'est en Grèce que je veux en écrire les premières pages, car c'est là-bas que tout a commencé. Et ce sera aussi pour nous l'occasion de nous recueillir sur la tombe de ma défunte mère.

— Prenez le temps qu'il faut. Ces vacances, ton père et toi les avez bien méritées.

— Oui, j'ai hâte d'y être. Marina sera peut-être du voyage… Si elle réussit à sauver l'innocence de notre amour de jeunesse. Encore une fois, nous revenons au mystère de la vie. À bientôt, Catherine.

Le quinze juillet, je partis pour Le Puy-en-Velay. Tandis que j'étais dans le train qui me menait vers elle, les pensées se bousculaient dans ma tête. Je ne voulais plus vivre sans elle, je la voulais à mes cotées pour toujours. Elle était mon plus bel amour. Mon âme sœur. Je voulais unir son âme à la mienne.

Nous nous étions donné rendez-vous dans un parc de la ville, celui-là même ou nous avions pour habitude de nous retrouver autrefois.

Lorsque j'arrivai, elle était déjà là. Elle était belle comme une perle de fruit. Son teint clair de lune avait plus de clarté encore et ses yeux turquoise avaient la profondeur du paradis.

Quand je la serrai dans mes bras, je compris à quel point elle m'avait manqué.

Nous restâmes quelque temps silencieux, tant l'émotion nous submergeait.

Puis je l'entraînai vers un banc.

— Je suis ravi de te retrouver en pleine forme. Parle-moi de ta mère. Êtes-vous enfin réconciliées ?

— En ne te suivant pas ce matin, il y a deux ans, je ne t'ai pas dupé. Je savais que j'avais un combat à mener. J'ai suivi tes conseils et cela a payé.

— Je savais que tu ne pourrais pas avancer dans la vie tant que tu n'aurais pas résolu ce problème. J'ai vu dans tes yeux à quel point tu étais chagrinée. Aujourd'hui, je me réjouis que tu aies pu mettre de l'ordre dans ton passé. Sache que tu m'as beaucoup manqué.

— Toi aussi. Tu as quelqu'un dans ta vie ?

— Tu es la dernière femme à qui j'ai fait l'amour. Depuis que nous sommes quittés, j'ai vécu tant de choses… Tu apprendras tout en lisant le roman que je vais commencer sous peu. T'en souviens-tu ? Je t'avais promis un jour de t'offrir les plus belles lignes de ma destinée. C'est en Grèce que j'honorerai les premières pages. Mon père et moi avons l'intention de passer au moins quatre mois là-bas. Nous y avons une grande maison.

Et toi, tu as rencontré quelqu'un ?

— Oui, quelques mois après ton départ. Le neveu de Claudine. Je le trouvais charmant. Il a fini par me séduire. À cette époque, j'étais un peu perdue. Mais après 6 mois, je me suis rendu compte de ce qu'il était vraiment. Cette relation m'a abîmée. C'est pour ça que j'ai eu envie de revenir vers toi. On ne peut pas t'oublier.

— Qu'est devenu le centre équestre ?

— Les plaintes ont fini par aboutir. L'État a décidé de ne plus envoyer personne là-bas et Georges et Claudine ont écopé de prison. À présent, ils se font tout petits. Ils travaillent pour leur compte.

— C'est curieux, mais à chaque fois que j'ai séjourné dans une institution, j'y ai débusqué le mal. Sauf mon jardin merveilleux : la Maison du Saint-Esprit.

— Je ne veux plus te quitter. Si tu le veux bien, désormais, j'irai où tu iras. Je t'ai toujours aimé.

— Je t'invite à venir en Grèce. Partons ensemble et donnons à notre amour un nouvel envol. Tu veux bien ?

— Oui !

— Il m'est arrivé parfois de rêver que nous avions une enfant merveilleuse, une petite fille prénommée Célestine. Notre bel amour d'autrefois a traversé les rêves. Je t'aime, mon amour.

L'éternité océanique de l'âme finit toujours par l'emporter tôt ou tard.

Merci Le Mystère, Dieu l'éternel, de nous avoir étoilés de l'immortalité de notre esprit.

La légende d'Harris naissait.

Je trouvai le livre d'Harris magnifique et m'engageai, moi Sam, à faire de mon mieux pour que son incroyable aventure soit connue du nombre de gens. Effectivement la vie éternelle de l'âme demeure bien notre réelle conception, de merveilleuses personnes l'ont ainsi témoignées dans cet ouvrage aux secrets époustouflants. A commencer par la pensée universelle…

Je fus le premier convaincu.

Imprimé en Allemagne
Achevé d'imprimer en avril 2023
Dépôt légal : avril 2023

Pour

Le Lys Bleu Éditions
40, rue du Louvre
75001 Paris